Krishnamurti

Liebe gleicht dem Duft der Rose

W0035657

HERDER spektrum

Band 5039

Das Buch

Was ist Liebe? Ein romantisches Gefühl, das Verlangen, den anderen Menschen zu besitzen oder sich ihm aufzuopfern, oder etwas, das durch Denken, durch den Willen hervorgerufen werden kann?

All das, sagt Krishnamurti, hat nichts mit Liebe zu tun. Liebe ist nicht das Gegenteil von Haß – sie ist das andere, das sich uns entzieht, solange Eifersucht, Besitzgier, Ehrgeiz, Angst und Haß uns motivieren. „Durch die Verneinung all dessen, was Liebe nicht ist, ist Liebe da."

Jiddu Krishnamurti, der wie kein anderer spiritueller Lehrer des 20. Jahrhunderts mit äußerster Radikalität über die existentiellen Fragen des Menschseins gesprochen hat, erreichte in den sechzig Jahren seines öffentlichen Wirkens mit seinen Reden Millionen von Menschen auf fast allen Kontinenten. Viele Menschen kamen mit ihren privaten Problemen zu ihm, um frei zu werden von ihren Zwängen und lästigen Gewohnheiten oder um Antworten auf die tiefsten Daseinsfragen zu finden. Krishnamurtis Antworten waren immer überraschend und oft äußerst unbequem. Unnachgiebig führte er die Fragesteller zunächst zur Konfrontation mit sich selbst, zu dem, „was ist". Was *ist*, das sind unsere Konditionierungen, die durch religiöse und nationale Zugehörigkeit, gesellschaftliche Normen, Erziehung und Wunschbilder den Weg zum anderen Menschen, zur Erkenntnis der Wahrheit und zur Einsicht in die verborgenen Motivationen des eigenen Ich verstellen. Dieser Weg ist schmerzlich, er erfordert eine radikale Verneinung aller bekannten Strukturen, aller Dogmen und Prinzipien: „Sie alle leugnen die Liebe, und Meditation ist das Aufblühen dieser Liebe."

Der Autor

Jiddu Krishnamurti wurde 1895 in Indien geboren, als Dreizehnjähriger von der Theosophischen Gesellschaft „adoptiert" und dann in England auf seine Aufgabe als künftiger „Weltlehrer" vorbereitet. 1929 löste er sich von der Theosophie und wirkte bis zu seinem Tod 1986 weltweit in Reden, Seminaren und durch seine zahlreichen Schriften als eigenständiger spiritueller Lehrer. Außerdem gründete er Schulen in Indien, England und den Vereinigten Staaten.

Krishnamurti

Liebe gleicht dem Duft der Rose

Aus dem Englischen von
Anne Ruth Frank-Strauss

Herder
Freiburg · Basel · Wien

Titel der Originalausgabe: Freedom, Love, and Action
© 1994 Krishnamurti Foundation Trust Ltd.,
Brockwood Park, Bramdean,
Hampshire SO24 0LQ, England

Informationen über Brockwood Park School,
das Krishnamurti Study Centre und weitere Veröffentlichungen
können unter folgender Adresse angefordert werden:
Krishnamurti Foundation Trust Ltd., Brockwood Park, Bramdean,
Hants SO24 0LQ, England.

Gedruckt auf umweltfreundlichem,
chlorfrei gebleichtem Papier

Deutsche Erstausgabe

Alle Rechte vorbehalten – Printed in Germany
© Verlag Herder Freiburg im Breisgau 2000
Satz: DTP-Studio Helmut Quilitz, Denzlingen
Druck und Bindung: Freiburger Graphische Betriebe 2000
Umschlaggestaltung und Konzeption:
R·M·E München / Roland Eschlbeck, Liana Tuchel
Umschlagmotiv: Hartmut W. Schmidt – Fotografie
Autorenfoto: Foto von Mark Edwards
© The Krishnamurti Foundation
ISBN 3-451-05039-0

INHALT

Deine Frage: „Wie kann Liebe zerstört werden?" beweist, daß du nicht liebst. Du liebst einen Menschen, du klammerst dich an ihn, du bist eifersüchtig, wenn dieser Mensch deine Liebe nicht erwidert. ... Erst wenn du verstehst, was Eifersucht, Haß, Neid und all die Erfahrungen der Liebe bedeuten, wird die Liebe mehr und mehr zu etwas Unpersönlichem, losgelöst von dir selbst. Dann beginnst du die Unzerstörbarkeit der Liebe zu verstehen, die, wie der Duft der Rose, für alle da ist...

Jiddu Krishnamurti in *Star Bulletin*, Januar 1931

FÜNF GESPRÄCHE

I

MEDITATION ist der Weg zur totalen Verwandlung des menschlichen Wahns. Der Mensch ist in Prinzipien und Ideologien gefangen, die verhindern, daß er dem Konflikt zwischen ihm selbst und anderen ein Ende bereitet. Nationale und religiöse Ideologien sowie auch seine eigene beharrliche Anmaßung zerstören den Menschen. Dieser destruktive Prozeß spielt sich auf der ganzen Welt ab. Der Mensch hat versucht, ihn durch Toleranz und Versöhnung, durch Verhandlungen und heuchlerische Beteuerungen zu beenden – doch er bleibt in seiner eigenen Konditionierung stecken.

Güte findet man nicht in einem Dogma oder in nichtigen Prinzipien und Formeln. Sie alle leugnen die Liebe, und Meditation ist das Aufblühen dieser Liebe.

Das Tal war sehr still an jenem frühen Morgen. Sogar die Eule hatte aufgehört, nach ihrem Gefährten zu rufen; ihre tiefen Rufe waren schon vor einer Stunde verstummt. Die Sonne war noch nicht aufgegangen, und die Sterne leuchteten noch. Ein Stern ging gerade über den westlichen Hügeln unter, und das Licht vom Osten breitete sich langsam aus. Dann ging die Sonne auf, und die betauten Felsen, der Kaktus und das Laub glitzerten wie poliertes Silber. Und die Schönheit der Landschaft begann zu erwachen.

Jetzt kamen die Affen auf die Veranda, zwei von ihnen, rotgesichtig mit braunem Fell und nicht zu langen Schwänzen. Einer kratzte den anderen und suchte nach Läusen, und wenn er sie fand, pickte er sie vorsichtig aus dem Fell und verspeiste sie. Sie waren unruhig und sprangen von der Veranda auf den Ast eines großen Regenbaums, schließlich zogen sie weiter und verschwanden in einem Graben.

Das Dorf war schon erwacht, doch noch herrschte die Stille der Nacht. Es war eine merkwürdige Stille. Es war nicht die Abwesenheit von Geräuschen, es war nicht so, daß der Geist die Stille hervorgebracht oder sie seinem eigenen endlosen Schwatzen abgerungen hatte. Es war eine Stille, die ungebeten, ohne jeden Grund gekommen war. Und die Hügel, die Bäume, die Menschen, die Affen, die Krähen mit ihrem Krächzen, sie alle waren von ihr umfangen. Und so würde es weitergehen bis zum Abend. Nur der Mensch war sich ihrer nicht bewußt. Die Stille würde wieder da sein, wenn die Nacht herankam, und die Felsen würden es wissen und der frisch gepflanzte Banyanbaum und die Eidechse zwischen den Steinen.

In einem Zimmer saßen vier oder fünf Leute. Einige waren Studenten, andere hatten schon ihr Examen hinter sich und waren berufstätig. Einer der Studenten sagte:

„Ich habe Sie voriges Jahr gehört, und dieses Jahr wieder. Ich weiß, daß wir alle konditioniert sind. Ich bin mir der Brutalität der Gesellschaft und auch meines eigenen Neids und Zorns bewußt. Ich kenne auch die Geschichte der Kirche mit ihren Kriegen und ihren prinzipienlosen Machenschaften. Ich habe Geschichte studiert, auch die der endlosen Kriege zwischen eingefleischten Glaubensvorstellungen und Ideologien, die so viel Konflikt in der Welt verursachen. Dieser Wahn der Menschheit – zu der auch ich gehöre – scheint uns im Griff zu haben, und es sieht aus, als wären wir für immer verdammt, es sei denn, natürlich, wir könnten in uns selbst eine Veränderung bewirken. Nur die kleine Minderheit, die sich selbst wahrhaft gewandelt hat, kann etwas in dieser mörderischen Welt ausrichten. Und einige von uns sind – stellvertretend für andere – gekommen, um diese Dinge mit Ihnen zu diskutieren. Ich glaube, einigen von uns ist es ernst, und ich weiß nicht, wie weit diese Ernsthaftigkeit uns bringen wird. Nun, wenn wir uns so sehen, wie wir sind, halb-ernst, ein wenig überspannt, unvernünftig, von unserer Anmaßung und Eitelkeit getrieben, können wir uns – so wie wir nun einmal sind – wirklich ändern? Wenn nicht, werden wir einander vernichten; unsere Spezies wird verschwinden. Vielleicht gibt es eine Versöhnung in all dem Terror, aber immer besteht die Gefahr, daß eine wahnsinnige Gruppe die Atombombe zündet, und dann werden wir alle ausgelöscht. Wenn man sich das alles vor Augen hält – es ist ja offensichtlich und wird von Autoren, Professoren, Soziologen und Politikern immer wieder beschrieben –, ist es dann möglich, sich radikal zu ändern?"

Einige unter uns sind sich gar nicht sicher, ob sie sich ändern wollen, denn wir haben Freude an dieser Gewalttätigkeit. Für manche ist sie sogar gewinnbringend. Und was die anderen betrifft – alles, was sie wünschen, ist in ihren gewohnten Verhältnissen zu bleiben. Und wieder andere gibt es, die in der Wandlung eine Art Aufputschmittel suchen, ein überschätztes Gefühlserlebnis. Die meisten von uns wollen Macht in der einen oder anderen Form. Macht über sich selbst, Macht über einen anderen, die Macht, die von neuen, brillanten Ideen kommt, die Macht der Herrschaft, des Ruhmes und so weiter. Politische Macht ist so verwerflich wie religiöse Macht. Die Macht der Welt und die Macht einer Ideologie verändern den Menschen nicht. Auch der Wille zur Änderung, der Wille, sich zu wandeln, führt diese Änderung nicht herbei.

„Das verstehe ich", sagte der Student. „Aber wie ist die Änderung möglich, wenn nicht durch den Willen, durch Prinzipien und Ideologien? Was ist dann die treibende Kraft? Und worin besteht diese Änderung?"

Die älteren Leute im Zimmer hörten sehr ernsthaft zu. Sie waren alle aufmerksam, und nicht einer von ihnen sah zum Fenster hinaus, um den grüngelben Vogel zu beobachten, der an diesem frühen Morgen auf einem Zweig saß und sich sonnte, sich putzte, seine Federn glättete und sich von der Höhe des großen Baumes die Welt anschaute.

Einer der älteren Männer sagte: „Ich bin mir gar nicht sicher, ob ich mir überhaupt eine Änderung wünsche. Sie könnte zum Schlechteren sein. Besser diese geordnete Unordnung als eine Ordnung, die Ungewißheit, totale Unsicherheit und Chaos bedeuten könnte. Wenn Sie jedoch darüber sprechen, wie man sich ändert, und über die Notwendigkeit einer Änderung, dann bin ich mir durchaus nicht sicher, ob ich Ihnen zustimme, mein Freund. Als eine spekulative Idee gefällt sie mir. Doch eine Revolution, die mich meinen Arbeitsplatz, mein Haus, meine Familie und alles übrige kostet, ist eine sehr unangenehme Vorstellung, und ich glaube nicht, daß ich sie mir wünsche. Sie sind jung, und Sie können mit diesen Ideen spielen. Trotzdem werde ich Ihnen zuhören und sehen, was bei dieser Diskussion herauskommt."

Die Studenten sahen ihn an mit jener Überlegenheit der Freiheit, diesem Gefühl, an keine Familie oder Gruppe, keine politische Partei oder religiöse Organisation gebunden zu sein. Sie hatten gesagt, sie seien weder Kapitalisten noch Kommunisten; sie interessierten sich überhaupt nicht für politische Aktivitäten. Sie lächelten nachsichtig und mit einer gewissen Verlegenheit. Zwischen der älteren und der jüngeren Generation besteht eine Kluft, und sie machten keinen Versuch, sie zu überbrücken.

„Wir sind ungebunden", fuhr der Student fort, „und deshalb sind wir keine Heuchler. Natürlich wissen wir nicht, was wir tun wollen, aber wir wissen, was *nicht* richtig ist. Wir wollen keine sozialen und rassischen Unterschiede, wir kümmern uns nicht um all diese törichten religiösen Glaubensrichtungen und Aberglauben, wir wollen auch keine politischen Führer – obwohl eine ganz andere Art von Politik gemacht werden muß, die Kriege verhindert. Aber wir sind wirklich besorgt, und wir wollen an der Möglichkeit einer totalen Wandlung des Menschen teilhaben. Deshalb stelle ich noch einmal die Frage: Erstens, was ist dieses Etwas, das uns veranlaßt, uns zu ändern? Und zweitens, worin besteht diese Änderung?"

Offensichtlich ist die zweite Frage in der ersten enthalten, nicht wahr? Wenn Sie bereits wissen, zu was Sie sich verändern, ist das überhaupt eine Änderung? Wenn man weiß, was man morgen sein wird, dann ist das, „was sein wird", bereits in der Gegenwart. Die Zukunft ist die Gegenwart; die bekannte Zukunft ist die Gegenwart, die wir kennen. Die Zukunft ist die modifizierte Projektion dessen, was jetzt bekannt ist.

„Ja, ich sehe das ganz klar. Es gibt also nur die Frage der Änderung, nicht die verbale Definition dessen, worin diese Änderung besteht. Wir beschränken uns also auf die erste Frage. Wie ändern wir uns? Was ist die Triebkraft, das Motiv, die Kraft, die uns bewegt, alle Schranken niederzureißen?"

Nur vollkommenes Nichthandeln, nur die vollkommene Verneinung dessen, „was ist". Wir verstehen nicht die große Kraft, die in der Verneinung liegt. Wenn Sie die gesamte Struktur der Regeln und Vorschriften verwerfen, und damit die Macht, die Autorität, die sie beanspruchen, dann gibt Ihnen eben diese Verneinung die Kraft, die Sie brauchen, um alle anderen Strukturen des Denkens zu verwerfen – und damit haben Sie die Energie, sich zu ändern! Die Verneinung ist diese Energie.

„Ist es das, was Sie nennen: dem Ballast der Vergangenheit, also der Gegenwart, zu „sterben"?

Ja. Eben dieses Sterben heißt, neu geboren zu werden. Darin haben Sie die ganze Bewegung der Wandlung – dem, was wir wissen und kennen, zu sterben.

„Ist diese Verneinung eine positive, entschiedene Tat?"

Wenn die Studenten revoltieren, ist das eine positive, entschiedene Tat, aber ein solches Handeln ist nur sehr partiell und unvollständig. Es ist keine *totale* Ablehnung. Wenn Sie fragen: „Ist das eine positive Tat, dieses Sterben, dieses Verwerfen?" – ja und nein. Wenn Sie als positive Tat ein Haus verlassen, um ein anderes Haus zu betreten, dann hört es ganz und gar auf, ein positives Handeln zu sein, denn Sie haben eine Machtstruktur gegen eine andere Machtstruktur eingetauscht, und auch diese müssen Sie wieder verlassen. Diese ständige Wiederholung, die ein positives Handeln zu sein scheint, ist in Wahrheit ein Nichthandeln. Doch wenn Sie das Verlangen und die Suche nach innerer Sicherheit verwerfen, dann ist das eine totale Verneinung, die ein äußerst positives Handeln ist. Es ist allein dieses Handeln, das den Menschen verwandelt. Wenn Sie Haß und Neid in jeder Form verwerfen, dann verwerfen Sie die gesamte Struktur dessen, was der Mensch in sich selbst und außerhalb seiner selbst geschaffen hat. Es ist ganz einfach. Ein Problem ist mit jedem anderen Problem verknüpft.

„Ist es das, was Sie mit ‚das Problem sehen' meinen?"

Dieses Sehen offenbart die gesamte Struktur und Natur des Problems. Das „Sehen" ist nicht das Analysieren des Problems; es ist nicht das Freilegen seiner Ursache und Wirkung. Alles ist da, ist sozusagen ausgebreitet wie auf einer Landkarte. Es ist da, damit Sie es sehen können, und Sie können es nur sehen, wenn Sie keinen Standort haben, von dem aus Sie es betrachten, und das ist unsere Schwierigkeit. Wir sind engagiert, und innerlich gibt uns das die große Befriedigung, „dazuzugehören". Wenn wir dazugehören, dann ist es nicht möglich zu sehen; wenn wir dazugehören, werden wir irrational und gewalttätig; und dann wollen wir die Gewalt dadurch beenden, daß wir zu etwas anderem gehören. Und so sind wir in einem Teufelskreis gefangen. Und das ist, was der Mensch seit Millionen von Jahren getan hat, und er nennt das vage „Evolution". Liebe kommt nicht am

Ende der Zeit. Entweder sie ist jetzt da – oder überhaupt nicht. Und die Hölle ist, wenn sie nicht da ist, und die Hölle zu reformieren ist nichts anderes als ein Ausschmücken dieser Hölle.

II

IN EUROPA ging der Frühling allmählich in den Sommer über. Er begann im warmen Süden mit den Mimosen, dann blühten die Obstbäume und der Flieder, und das Blau des Himmels vertiefte sich. Du folgtest dem Frühling nach Norden, wo er später begann. Hier entfalteten die Kastanien gerade ihre Blätter, aber sie hatten noch keine Blüten, und der Flieder knospte noch. Du konntest zusehen, wie die Blätter der Kastanie größer und kräftiger wurden und die Straße und die Aussicht über die Wiese überschatteten. An den Waldwegen standen sie schon bald in voller Blüte, und auch der Flieder, der im Süden bereits verwelkte, war aufgeblüht. In dem kleinen Garten stand ein weißer Fliederbusch; er hatte nur wenig Laub, aber die weißen Blüten schienen den Horizont zu bedecken. Und je weiter du nach Norden fuhrst, um so später fing der Frühling an. Die Tulpen, ganze Felder von ihnen, waren aufgeblüht, und die Enten hatten kleine gelbe Küken, die im stillen Wasser des Kanals geschwind hinter ihrer Mutter her paddelten. Der Flieder blühte schon, aber die Bäume waren noch kahl, doch als die Tage vergingen, kam der Frühling zur Reife. Und die Ebene mit ihrem weiten Horizont und den Wolken, so nah, daß du das Gefühl hattest, sie berühren zu können, erstreckte sich von einer Seite zur anderen.

Der Frühling war da in seiner ganzen Pracht; es gab kein Getrenntsein. Der Baum und du und diese Enten mit ihren Küken, die Tulpen und die weite Ausdehnung des Himmels – es gab keine Trennung. Diese Intensität machte die Farbe der Tulpen, der Lilie und des zarten grünen Blatts so lebhaft, so nah, daß die Sinne die Blumen waren, sie waren der Mann und die Frau, die auf ihren Rädern vorbeifuhren, und die

Krähe hoch oben in der Luft. Es gibt wirklich keine Trennung zwischen dem jungen Gras, dem Kind und dir selbst: Wir wissen nicht, wie man schaut, und das Schauen ist Meditation.

Er war ein junger Mann, gescheit, scharfsichtig und ungeduldig. Er sagte, er sei etwa fünfunddreißig und habe einen guten Job. Nationalismus, Rassenunruhen oder die Konflikte zwischen religiösen Glaubensrichtungen interessierten ihn nicht. Er sagte, er habe ein Problem und hoffe, er könne darüber sprechen, ohne vulgär zu sein und in eine grobe Ausdrucksweise zu verfallen. Er war verheiratet und hatte eine Tochter, und das Mädchen war reizend, und er hoffte, wenn sie erwachsen wäre, würde sie eine andere Welt vorfinden. Sein Problem, sagte er, sei Sex. Es war nicht die Einstellung zu seiner Frau, auch gab es keine andere Frau in seinem Leben. Er sagte, die Sexualität werde ihm zu einem Problem, denn er sei von ihr besessen. Bei seiner Arbeit, die er ziemlich gut machte, wurde er von sexuellen Gedanken verfolgt. Er wollte mehr und mehr – von der Lust und dem Genuß, der Schönheit und Zärtlichkeit. Er hatte kein Problem daraus machen wollen, so wie die meiste Leute, die entweder frigide waren oder deren ganzes Leben sich um die Sexualität drehte. Er liebte seine Frau, und er fürchtete, daß er anfing, sie für sein eigenes persönliches Vergnügen zu benutzen; aber mit den Jahren war seine Begierde größer statt geringer geworden und begann ihn schwer zu belasten.

Bevor wir uns mit diesem Problem befassen, sollten wir verstehen, was Liebe ist und was Keuschheit ist. Das Keuschheitsgelübde ist überhaupt keine Keuschheit, denn unter den Worten geht die Begierde weiter, und jeder Versuch, sie auf verschiedene Weise zu unterdrücken, religiös oder sonstwie, ist eine Form von Häßlichkeit, die im tiefsten Grunde unkeusch ist. Die Keuschheit des Mönchs mit seinen Gelübden und Verweigerungen ist im Grunde Weltlichkeit

– und daher unkeusch. Alle Formen des Widerstands errichten eine Trennungswand, die das Leben in ein Schlachtfeld verwandelt; und so wird das Leben alles andere als keusch. Deshalb muß man das Wesen des Widerstands verstehen. Warum leisten wir überhaupt Widerstand? Ist es das Ergebnis der Tradition, ist es Angst – Angst, etwas falsch zu machen, vom geraden Weg abzuweichen?

Die Gesellschaft hat ihre Wertmaßstäbe so tief in uns eingepflanzt, daß wir uns ihr anpassen wollen. Wenn wir überhaupt keinen Widerstand leisteten, würden wir dann aus dem Gleichgewicht geraten? Würden unsere Begierden wachsen? Oder züchtet erst dieser Widerstand den Konflikt und die Neurose?

Ohne Widerstand durchs Leben zu gehen, bedeutet frei zu sein, und Freiheit wird, was sie auch tut, immer keusch sein. Das Wort „Keuschheit" und das Wort „Sex" sind brutale Wörter; sie entsprechen nicht der Wirklichkeit. Wörter sind falsch, und Liebe ist kein Wort. Wenn Liebe ein Vergnügen ist, dann wird sie von Schmerz und Angst begleitet, und damit verflüchtigt sich die Liebe, und das Leben wird zu einem Problem. Warum haben wir so ein Riesenproblem aus der Sexualität gemacht – nicht nur in unserem persönlichen Leben, sondern auch in Zeitschriften, Filmen, Bildern, sogar in den Religionen, die sie verurteilt haben? Warum hat der Mensch dieser Tatsache des Lebens eine so außerordentliche Wichtigkeit beigemessen, nicht aber den anderen Tatsachen des Lebens, wie Macht und Grausamkeit?

Die Sexualität zu verleugnen, ist nur eine andere Form von Brutalität: Die Sexualität ist da, sie ist eine Tatsache. Wenn wir intellektuelle Sklaven sind und endlos wiederholen, was andere gesagt haben, wenn wir folgen, gehorchen, nachahmen, dann ist uns ein ganzer Bereich des Lebens verschlossen; wenn das Handeln nur eine mechanische Wiederholung und keine freie Bewegung ist, dann gibt es keine Befreiung; wenn dieser unaufhörliche Drang existiert, sich zu verwirklichen, zu sein, dann sind wir emotional gehemmt, dann sind wir blockiert. Und dann wird Sex der einzige Erfahrungsbereich, der uns allein gehört, der nicht aus zweiter Hand stammt. Im sexuellen Akt vergißt man sich selbst, seine Probleme und Ängste. In diesem Akt existiert das Selbst nicht mehr. Diese Selbstvergessenheit gibt es nicht nur im sexuellen Akt, sie wird auch durch Trinken oder Drogen hervorgerufen oder wenn man einem Spiel zuschaut. Es ist diese Selbstvergessenheit, die wir suchen, indem wir uns mit bestimmten Handlungen oder gewissen Ideologien und Vorstellungen identifizieren, und so wird Sex zu einem Problem. Dann werden Keuschheit oder sexueller Genuß, die endlosen Phantasien, die einem ständig durch den Kopf gehen, zu einer ungeheuer wichtigen Angelegenheit.

Wenn wir das alles betrachten, was wir aus Liebe, Sex und Genußsucht sowie den Gelübden, die wir dagegen ablegen, machen, wenn wir das ganze Bild sehen, nicht nur als eine Vorstellung, sondern als schlichte Tatsache, dann sind Liebe, Sex und Keuschheit ein und dasselbe. Sie sind nicht getrennt. Sie zu trennen, verdirbt jede Beziehung. Sex kann so keusch sein wie der blaue Himmel ohne eine Wolke; aber die Wolke kommt und verdunkelt ihn, weil das Denken hinzukommt. Das Denken sagt: „Dies ist keusch, und jenes ist Hemmungslosigkeit", „Dies muß kontrolliert werden" und „Dort werde ich mich gehen lassen". Das Denken ist also das Gift, nicht die Liebe, nicht Keuschheit, nicht Sex.

Was unschuldig ist, ist immer keusch, ganz gleich, was es tut; doch Unschuld ist nicht das Produkt des Denkens.

III

„WAS IST HANDELN?" fragte er. „Und was ist Liebe? Gibt es eine Verbindung zwischen beiden, oder sind es zwei verschiedene Dinge?"

Er war ein großer, schwerer Mann und hatte lange Haare, die fast seine Schultern berührten, was die Breite seines Gesichts noch betonte. Er trug Cordhosen und wirkte ein wenig ungeschlacht. Er sprach leise, lächelte oft und hatte einen scharfen Verstand. Er war nicht besonders an sich selbst interessiert, doch war ihm sehr daran gelegen, Fragen zu stellen und die richtigen Antworten zu finden.

Liebe und Handeln sind nicht voneinander getrennt. Sie werden erst durch das Denken getrennt. Wo Liebe ist, da ist Handeln ein Teil von ihr. Handeln allein hat sehr wenig Bedeutung. Handeln ist die Antwort auf eine Herausforderung, und die Antwort kommt aus dem Hintergrund der Kultur, der gesellschaftlichen Einflüsse und der Tradition; somit ist sie immer alt. Aber die Herausforderung ist immer neu, andernfalls würden wir sie nicht Herausforderung nennen. Solange die Antwort der Herausforderung nicht entspricht, muß es Konflikt geben – und somit Verfall. Unser Handeln, das der Vergangenheit entspringt, muß immer zu Unordnung und Verfall führen.

„Gibt es denn ein Handeln, das nicht bereits selbst die Ursache des Verfalls ist? Und ist ein solches Handeln in dieser Welt möglich?" fragte er.

Es ist nur möglich, wenn wir das Wesen der Herausforderung verstehen. Gibt es nur *eine* Herausforderung, oder gibt es viele Herausforderungen? Oder übersetzen wir diese eine Herausforderung in verschiedene, fragmentierte Herausforderungen? Natürlich gibt es nur eine, aber unser Geist, der fragmentiert ist, übersetzt diese eine Herausforderung in viele und versucht auf diese vielen Fragmente zu antworten. Und so werden unsere Handlungen widersprüchlich und widerstreitend, sie verursachen Unglück und Verwirrung in allen unseren Beziehungen.

„Das verstehe ich", sagte er, „unser Geist ist fragmentiert; ich sehe das ganz klar, aber was ist diese eine Herausforderung?"

Sie besteht darin, daß der Mensch vollkommen, total frei sein muß. Nicht frei von irgendeinem bestimmten Problem oder von einer bestimmten Fessel, sondern von allen Fesseln und von allen Problemen. Wenn Sie diese Herausforderung annehmen – und diese Herausforderung war immer da, um von der Menschheit angenommen zu werden, seit den frühesten Zeiten bis heute –, wenn Sie die Herausforderung annehmen, dann können Sie sie unmöglich im Sinne irgendeiner kulturellen oder gesellschaftlichen Voraussetzung interpretieren. Wenn Sie diese Freiheit leugnen, dann entwickeln Sie sich zurück. Können Sie diese Herausforderung annehmen, nicht intellektuell, sondern mit der Wucht, der Intensität einer akuten und gefährlichen Krankheit? Wenn Sie sie nicht annehmen, dann handeln Sie bloß im Sinne ihres eigenen Vergnügens und ihrer persönlichen Vorlieben, und das führt zu Gefangenschaft, Sklaverei, zu einem festgelegten Denkmuster. Wenn Sie diese Herausforderung – daß der Mensch vollkommen frei sein soll – nicht annehmen, dann leugnen Sie die Liebe. Dann ist das Handeln eine Folge von Anpassungen an die Forderungen der Gesellschaft, die Verzweiflung, Qual und Angst mit sich bringen.

„Aber kann man denn so vollkommen frei sein, wenn man in dieser mörderischen Welt lebt?"

Das ist die falsche Frage. Das ist nur eine intellektuelle Frage, die sehr wenig Sinn hat. Seien Sie frei, und dann werden Sie lieben, gleich in welcher Gesellschaft oder Kultur. Ohne Freiheit verkümmert der Mensch, wie groß auch seine

Werke sein mögen, sei es in der Kunst, der Wissenschaft, Politik oder Religion. Freiheit und Handeln sind nicht getrennt. Frei sein ist Handeln. Man muß nicht handeln, um frei zu sein, nicht etwas tun, um frei zu sein. Lieben Sie, und der Haß hört auf. Aber den Haß zu leugnen, um zu lieben, ist Teil jenes Vergnügens, welches das Denken verschafft. Also sind Freiheit, Liebe und Handeln miteinander verbunden, sie dürfen nicht getrennt werden, nicht in politisches oder soziales Handeln und so weiter aufgespalten werden. Der Geist, der in Freiheit verwurzelt ist, handelt. Und dieses Handeln ist Liebe.

IV

WIR FUHREN an dem bekannten Dorf vorüber, das als Ferienort in Mode gekommen war, dann weiter an einem Bach entlang; dann bog das Auto nach rechts ab und fuhr durch ein von steilen, mit Fichten bewachsenen Bergen umgebenes Tal. Dann und wann sahen wir Gemsen, die hoch oben in einer Lichtung zwischen den Fichten spielten. Die Straße führte zuerst am Fluß entlang und dann nicht allzu steil bergauf. Man hätte bequem zu Fuß den Hang hinaufsteigen können. Schließlich fuhren wir auf einer ungepflasterten Straße, die sehr staubig und holprig und voller großer Schlaglöcher war. Ihr zur Seite floß ein herrlicher Bach mit grünblauem Wasser. Nun konnte das Auto nicht mehr weiterfahren, und der Pfad führte durch einen lichten Fichtenwald, wo kürzlich ein Sturm viele Bäume entwurzelt hatte. Dieser Pfad durch den stillen Wald wurde immer stiller und einsamer. Keine Vögel waren zu hören, nur das Lied des Wassers, das über die Felsen und gefallenen Bäume und über große Felsblöcke hinabstürzte. Das war das einzige Geräusch; und hier und da stand das Wasser ganz still in tiefen Tümpeln, in denen man hätte baden können, wäre das Wasser nicht zu kalt gewesen. Hier wuchsen viele Wildblumen, gelb, violett und rosa. Es war wirklich ein schöner Platz, erfüllt vom Rauschen des Flusses, der in Kaskaden herabstürzte. Doch über allem lag diese seltsame Stille, die dort herrscht, wo der Mensch noch nicht gewesen ist. Der Boden unter unseren Füßen war mit Moos bewachsen, und ein schiefer Baum war ganz von Moos überzogen, das im Sonnenlicht in intensivem Grün und Gelb leuchtete. Auf der anderen Seite der Schlucht konnte man den Abendglanz der Sonne sehen und das leuchtende Grün einer Wiese, die sich bis hinauf zum tiefblauen Himmel erstreckte.

Diese Stille umhüllte dich, und du verweiltest dort ruhig und beobachtetest das Licht, lauschtest dem Wasser und der tiefen Stille, die von keiner Brise gestört wurde. Es war ein bezaubernder Abend, und es war ein Jammer, daß man zurückkehren mußte.

Er war ein jüngerer Mann, und er hatte offensichtlich die menschliche Natur ein wenig studiert, nicht nur aus Büchern, sondern aus eigener Beobachtung und weil er mit vielen Leuten gesprochen hatte. Er war weit gereist und sagte, er sei vielen Menschen begegnet und ihn beschäftige die große Frage der Beziehung des Menschen zu sich selbst. In verschiedenen Teilen der Welt war er Zeuge der Studentenunruhen gewesen, diesem spontanen Aufstand gegen die hergebrachte Ordnung. Und offenbar kannte er auch einige ihrer Führer, im Süden wie im Norden. Er war daran interessiert, das Selbst freizulegen, das sowohl im Unterbewußtsein wie in den oberen Schichten des Bewußtseins verborgen liegt.

Er sagte: „Ich sehe die Notwendigkeit, diesen ganzen Bereich zu untersuchen und mich von ihm zu lösen, damit etwas Neues entstehen kann, aber ich kann mich nicht von etwas lösen, das ich nicht kenne – das Unterbewußtsein, die tieferen Schichten, die so heimlich verborgen liegen, die ein so unergründlicher Speicher unbekannter und halbvergessener Dinge sind, die aus einer Quelle emporsteigen und wieder versinken, einer Quelle, die unauffindbar bleibt. Sie haben zwar gesagt, das Unterbewußte sei so trivial wie das Bewußte und habe daher recht wenig Bedeutung. Sie haben es mit einem Computer verglichen und darauf hingewiesen, daß es mechanisch ist – und doch ist dieses Unterbewußtsein für unser ganzes Verhalten, für alle unsere Beziehungen verantwortlich. Wie können Sie es trivial nennen? Ist Ihnen klar, was Sie da sagen?"

Um dieses ziemlich komplexe Problem ganz zu verstehen, muß man die Gesamtstruktur des Bewußtseins betrachten und es nicht in das Bewußte und das Verborgene aufteilen. Wir akzeptieren diese Trennung als natürlich, aber ist sie natürlich, oder beobachten wir sie nur von einem Fragment aus? Unsere Schwierigkeit ist, das Ganze zu sehen und nicht das Fragment. Dann stellt sich das Problem, wer ist der Beobachter, der das Ganze sieht? Ist nicht auch er ein Fragment, das daher nur fragmentarisch sehen kann?

„Sind wir jemals das Ganze oder nur Fragmente, die getrennt voneinander und daher widersprüchlich handeln?"

Wir müssen uns über diese Frage des Ganzen und des Fragments klar werden. Können wir jemals das Ganze sehen oder von diesem Fragment aus ein Gefühl für das Ganze haben? Sehen Sie den ganzen Baum oder nur einen Ast des Baumes? Sie können das Ganze des Baumes sehen, wenn Sie ihn aus einem gewissen Abstand betrachten – nicht zu entfernt, aber auch nicht zu nahe. Wenn Sie zu nahe vor ihm stehen, dann sehen Sie nur die verschiedenen, voneinander getrennten Äste. Aber um das Ganze von etwas zu sehen, muß Raum vorhanden sein – nicht der Raum, den das Wort schafft, sondern der Raum der Freiheit. Nur in Freiheit können Sie das Ganze sehen. Wie Sie sagten, handeln wir immer nur fragmentarisch, und einzelne Fragmente mögen miteinander harmonieren, aber meist stehen sie im Widerspruch zueinander.

„Unser ganzes Leben ist aufgespalten in die Familie, den Geschäftsmann, den Bürger, den Künstler, den Genußmenschen, den guten Menschen und so fort. Wir kennen nur dieses fragmentierte Handeln mit seinen schrecklichen Spannungen und Lustgefühlen."

Diese Fragmente haben ihre eigenen verborgenen Motive, im Gegensatz zu anderen verborgenen Motiven, die verschieden sind und im Widerspruch zueinander stehen, und die oberen Schichten des Bewußtseins reagieren entsprechend dieser unterschwelligen und gegensätzlichen Elemente der Konditionierung. So sind wir ein Bündel widerstreitender Motive und Triebe, die auf die Herausforderungen der Umwelt reagieren.

„Die Reaktionen eines durchschnittlichen Geistes auf diese Herausforderungen werden in seinem konkreten Handeln und in seinen Konflikten offenbar."

Was ist nun das Problem? Was wollen Sie lösen oder verstehen?

„Das Problem ist, daß ich die Totalität all dieser verborgenen Motive und Konditionierungen, die für den sichtbaren Konflikt verantwortlich sind, erkennen muß. Mit anderen Worten, ich muß das sogenannte Unterbewußte sehen. Ich lebe in Konflikten, und selbst wenn das nicht so wäre, müßte ich trotzdem all das Unterbewußte verstehen, wenn ich mich überhaupt selbst erkennen will. Aber kann ich mich denn jemals selbst erkennen?"

Entweder Sie verstehen, was gewesen ist oder was tatsächlich stattfindet. Sie sehen das, was tatsächlich stattfindet, mit den Augen der Vergangenheit, und deshalb verstehen Sie nicht, was geschieht. Mit den Augen der Vergangenheit die lebendige Gegenwart zu betrachten, heißt, daß man sie nicht sieht. Das Wort „verstehen" ist also ein gefährliches Wort, so wie alle Wörter gefährlich und falsch sind. Wenn Sie sagen: „Ich will mich verstehen", dann sind dabei zwei Dinge im Spiel. Wer ist das Wesen, das sagt „Ich muß mich selbst verstehen", und was gibt es, abgesehen von ihm selbst, zu verstehen? Und so wird es zu einer absurden Frage! Also ist der Beobachter das Beobachtete. Der Beobachter ist derjenige, der träumt, der in Konflikten lebt, der verstehen will und der verstanden sein will, die Illusion und das Verlangen, die Illusion zu beenden, er ist der Traum, den er nach dem Aufwachen interpretiert, und die Interpretation, die von der Konditionierung abhängt. Er ist das Ganze, der Analysierte und der Analysierende, der Erfahrende und die Erfahrung. Er ist das Ganze. Er ist der Erfinder Gottes und sein Anbeter. Das alles ist eine Tatsache, die einfach da ist, die jeder, der nur ein wenig beobachtet, sehen kann. Was ist nun die Frage? Die Frage ist doch folgende: Gibt es ein Handeln innerhalb dieses Rahmens, das nicht noch mehr Konflikt, mehr Elend, mehr Verwirrung, mehr Chaos verursachen wird? Oder gibt es ein Handeln, unberührt von diesem Ballast der Vergangenheit?

„Fragen Sie, ob ein Teil von mir existiert, der sich mit diesem Ballast beschäftigen kann, aber nichts mit ihm zu tun hat?"

Sie meinen, ich gehe davon aus, daß es in mir selbst irgendein Atman, eine Seele, eine Gottheit oder was auch immer gibt, etwas, das unberührt ist?

„So sieht es aus."

Natürlich nicht, Sir. Nichts dergleichen. Wenn Sie diese Frage stellen, dann setzen Sie im Grunde eine alte Tradition der Wirklichkeitsflucht fort. Wir müssen auf neue Art darüber nachdenken, nicht einen abgedroschenen Aberglauben wiederholen. Innerhalb dieses Rahmens des „Ich", des Ego, des Selbst, gibt es offensichtlich keine Freiheit, und daher züchtet es immer sein eigenes Elend, gesellschaftlich, persönlich und so fort. Ist es jemals möglich, davon frei zu sein? Wir verschwenden unsere Energie daran, politische, religiöse und gesellschaftliche Freiheit zu diskutieren, Freiheit von Armut, Ungerechtigkeit et cetera.

„Darin gebe ich Ihnen recht, Sir. Wir verbringen unsere Zeit damit zu fragen, ob wir frei sein können, um zu handeln, um die Gesellschaftsstruktur zu verändern, die gesellschaftliche Unordnung, Armut, Ungerechtigkeit und so weiter abzuschaffen, aber ich bin durchaus nicht sicher, ob wir uns überhaupt Freiheit wünschen."

Liegt Freiheit innerhalb der Struktur dieser angehäuften Vergangenheit oder außerhalb dieser Struktur? Freiheit ist notwendig, und innerhalb dieser Struktur kann es keine

Freiheit geben. Sie fragen also eigentlich: Ist es dem Menschen möglich, diese Struktur zu verlassen, um frei zu sein – das heißt, nicht von dieser Struktur aus zu handeln? Außerhalb dieses Rahmens zu sein, zu handeln, zu leben? Eine solche Freiheit gibt es, und sie wird nur durch totale Ablehnung – nicht Widerstand – ins Leben gerufen, die totale Ablehnung dessen, was tatsächlich da ist, ohne eine heimliche Sehnsucht nach Freiheit zu haben. Die Verneinung dessen, was ist, ist Freiheit.

„Wie verneinen Sie es?"

Sie können es nicht verneinen! Wenn Sie sagen: „Ich will es verneinen", dann sind Sie schon wieder innerhalb dieser Grundstruktur. Doch allein durch das Sehen dessen, was ist, sind Sie frei davon, und das können Sie „Ablehnung" nennen oder welches Wort Sie auch dafür benutzen mögen. Das Sehen wird also das Allerwichtigste, nicht das ganze wortreiche Gefasel, die Spitzfindigkeiten und fragwürdigen Erklärungen. Das Wort ist nicht die Sache, doch wir interessieren uns für das Wort und nicht für das Sehen.

„Aber jetzt sind wir wieder dort, wo wir angefangen haben! Wie kann ich mich als Ganzheit sehen, und wer ist da, der sie sieht, wenn der Beobachter das Beobachtete ist?"

Wie wir zuvor gesagt haben, Sir, Sie können nicht sehen. Es gibt nur das Sehen, nicht „Sie", der sieht. Das „Was ist" liegt Ihnen vor Augen. Das ist Sehen, das ist die Wahrheit.

„Ist es wichtig, die Struktur zu sehen, die sich bemerkbar macht, oder den Inhalt dieser Struktur?"

Wichtig ist, das Ganze zu sehen, nicht als Struktur und Inhalt, sondern zu sehen, daß die Struktur der Inhalt ist und der Inhalt die Struktur; das eine kann ohne das andere nicht existieren. Wichtig ist allein das Sehen.

V

DAS DENKEN kann nie sehr tief in ein Problem menschlicher Beziehungen eindringen. Das Denken ist oberflächlich und alt; es ist das Ergebnis der Vergangenheit. Die Vergangenheit kann nicht in etwas eindringen, das vollkommen neu ist. Sie kann das Neue erklären, ordnen, vermitteln, doch das „Wort" ist nicht das Neue. Der Gedanke ist das Wort, das Symbol, das Bild. Ohne dieses Symbol – gibt es da ein Denken? Wir haben das Denken dazu benutzt, die Gesellschaftsstruktur umzubilden, zu verändern. Das Denken, alt, wie es ist, reformiert diese Struktur in ein neues Muster, das auf dem alten basiert. Und grundsätzlich ist das Denken trennend, fragmentarisch, und was es auch tut, wird sich trennend und widersprüchlich auswirken. Wie gut es auch philosophisch oder religiös die neue und notwendige Gesellschaftsstruktur erklären kann, sie wird doch immer die Saat von Zerstörung, Krieg und Gewalt in sich tragen. Über den Weg des Denkens stößt man nicht auf das Neue. Nur die Meditation öffnet die Tür zu dem, was immer wieder neu sein wird. Meditation ist kein Trick des Denkens. Meditation bedeutet zu sehen, wie vergeblich das Denken und die Methoden des Intellekts sind. Intellekt und Denken sind notwendig bei der Ausführung von etwas Mechanischem, doch der Intellekt ist eine fragmentierte Wahrnehmung des Ganzen, und Meditation ist das Sehen des Ganzen. Der Intellekt kann nur im Bereich des Bekannten funktionieren. Aus diesem Grunde wird das Leben eine einförmige Routine, der wir durch Revolten und Revolutionen zu entkommen versuchen – nur um wieder in einen anderen Bereich des Bekannten zurückzufallen. Diese Veränderung ist überhaupt keine Veränderung, denn sie ist das Produkt des Denkens, das immer alt ist. Meditation ist die Abkehr vom Bekannten. Es gibt nur eine Freiheit: die Freiheit vom Bekannten. Und Schönheit und Liebe finden wir in dieser Freiheit.

Es war ein kleines Zimmer mit Blick auf ein liebliches Tal. Noch war es früh am Morgen, die Sonne brach durch die Wolken und warf hier und dort einen Lichtstrahl auf die Hügel, die Wiesen, den glitzernden Bach. Wahrscheinlich würde es bald regnen, ein Wind würde aufkommen, aber noch war das Tal still und ungestört. Die Berge schienen ganz nahe zu sein, fast als könntest du sie berühren, doch sie waren weit weg und schwer zu erreichen. Sie waren von Schnee bedeckt, der in der frühen Sommersonne zu schmelzen begann. Als die Sonne herausgekommen war, warfen die Hügel tiefe Schatten über das Tal, und der Löwenzahn und die leuchtenden Wildblumen auf dem Feld blühten. Durch das enge Tal floß ein Bach, der noch erfüllt war vom Rauschen der Berge. Das Wasser war jetzt klar, graublau, doch später, wenn der Schnee schmolz, würde es trübe und reißend sein. Im Gras saß ein Eichhörnchen mit rotem Fell, das uns voller Neugier ansah, aber immer auf dem Sprung, um jederzeit den Baum hinauf und auf einen höheren Ast zu huschen. Das tat es nun, und es blieb zwischendurch stehen und schaute hinunter, um zu sehen, ob wir noch da waren. Doch bald verlor es seine Neugier, denn es hatte Wichtigeres zu tun.

Das Zimmer war klein, mit unbequemen Stühlen, auf dem Boden lag ein billiger Teppich. Auf dem bequemsten Stuhl saß ein großer, schwerer Mann, ein wichtiger Mann, ein hoher, sehr hoher Beamter. Und da waren andere, Studenten, die Gastgeberin und noch einige Gäste. Der Beamte saß schweigend da, denn er war müde. Er hatte eine lange Reise hinter sich, viele Stunden im Flugzeug, und er war froh, in einem relativ bequemen Sessel zu sitzen.

Der Student sagte: „Ihr Leute habt eine schreckliche Welt voller Blut und Tränen geschaffen. Sie haben jede Chance gehabt, eine andere Welt zu machen. Sie sind hoch gebildet, bekleiden hohe Ämter – und Sie können nichts ändern. Sie unterstützen entschieden diese etablierte Ordnung mit ihren Grausamkeiten, Ungerechtigkeiten und dem ganzen häßlichen Chaos der heutigen Gesellschaft. Wir, die jüngere Generation, verabscheuen das alles, wir revoltieren dagegen. Wir wissen, daß Sie alle Heuchler sind. Wir gehören zu keiner Gruppe oder irgendeiner politischen oder religiösen Partei. Wir gehören keiner Kaste an, wir haben keine Götter, denn Sie haben uns das genommen, was hätte Wirklichkeit werden können. Sie haben die Welt in Nationalitäten aufgespalten. Wir sind gegen das alles, aber wir wissen nicht, was wir wollen. Wir wissen zwar nicht, wohin wir gehen, aber wir wissen sehr wohl, daß wir das, was Sie uns anbieten, nicht haben wollen. Und die Kluft zwischen Ihnen und uns ist sehr breit und kann wahrscheinlich niemals überbrückt werden. Wir sind neu, und wir hüten uns, in die Falle des Alten zu geraten."

„Sie *werden* aber in die Falle geraten", sagte er, „nur daß es eine neue Falle sein wird. Ihr werdet einander vielleicht nicht töten, und das hoffe ich, aber ihr werdet einander auf einer anderen Ebene töten, vielleicht nicht körperlich, aber intellektuell, mit Worten, Zynismus und Bitterkeit. Der Aufschrei gegen die ältere Generation ist uralt, heute ist er nur artikulierter, effektiver. Ihr könnt mich einen Bourgeois nennen, und das bin ich auch. Ich habe schwer gearbeitet, um eine bessere Welt zu schaffen, ich habe geholfen, Feindschaft und Widerstand zu verringern, aber das ist nicht leicht: Wenn zwei widerstreitende Glaubensrichtungen oder Ideologien aufeinandertreffen, dann folgen unweigerlich Haß, Krieg und Konzentrationslager. Auch wir sind dagegen, und wir glauben, etwas dagegen tun zu können, aber man kann nur sehr wenig tun." Er verteidigte sich nicht. Er legte nur einfache Tatsachen dar, so wie er sie sah. Doch der Student, der sehr gescheit war, sah das und lächelte unnachsichtig.

„Wir klagen euch nicht an, wir haben nichts mit euch zu tun; und das ist die Schwierigkeit. Wir wollen eine andere Welt, eine Welt der Liebe; wir wollen, daß die Regierungsgeschäfte von Computern entschieden werden, nicht im Sinne persönlicher Interessen und Ambitionen, nicht von Machtgruppen, religiösen oder politischen. Zwischen uns liegt ein Abgrund. Wir vertreten einen Standpunkt, und einige von uns werden nicht davon abgehen."

Der wichtige Mann mußte auch einmal jung gewesen sein, voller Eifer und Wißbegier, aber jetzt war er es nicht mehr. Was stumpft den Geist ab? Die lautstark erhobenen Forderungen der jüngeren Generation werden bald beschwichtigt sein, wenn sie heiraten, seßhaft werden und Kinder und Verantwortung haben. Ihr Geist, der früher so scharf gewesen war, wird abstumpfen. Auch sie werden bürgerlich. Vielleicht entgehen ein paar von ihnen diesem langsamen Verfall – wenn sie sich nicht zu Spezialisten entwickeln und unheimlich tüchtig sein werden.

„Ich vermute", sagte er, „mein Geist hat seine Beweglichkeit, sein Feuer verloren, denn ich habe eigentlich nichts, wofür ich lebe. Früher war ich religiös, aber ich habe zu viele Priester in hohen Ämtern gesehen, und sie haben mir alle meine Hoffnungen ausgetrieben. Ich habe fleißig studiert, schwer gearbeitet, und ich versuche, gegensätzliche Elemente zusammenzuführen, aber das ist jetzt alles Teil einer Routine geworden, und mir ist durchaus bewußt, daß meine Kräfte nachlassen."

„Ja", sagte der Student, „einige unter uns sind sehr intelligent, gewieft, äußerst wortgewandt, aber ich sehe die Gefahr, wenn sie einmal erfolgreiche Führungskräfte werden sollten. Dann kommt die Heldenverehrung, und allmählich verblassen der Glanz der Jugend und die Schärfe der Wahrnehmung.

Auch ich habe mich oft gefragt, warum alles so langweilig, abgedroschen und sinnlos wird – Sex, Liebe und die Schönheit eines Morgens. Der Künstler will etwas Neues ausdrücken, aber es ist doch immer wieder derselbe alte Körper und Geist, der durch seine Gemälde hindurchscheint."

Dies ist einer der gewöhnlichen Faktoren in der Beziehung zwischen Alt und Jung – die langsame Vergiftung durch Zeit und Leid, durch Ängste und die Bitterkeit des Selbstmitleids. Was läßt den Geist abstumpfen? Der Geist, der so außerordentlich fähig ist, Neues zu erfinden, auf den Mond zu fliegen, Computer zu bauen – so viele Dinge, die wirklich außerordentlich sind, die an Zauberei grenzen? Natürlich, es ist der kollektive Geist, der den Computer entwickelt oder eine Sonate komponiert hat. Das Kollektiv, die Gruppe, ist ein gemeinsamer Gedanke, der sowohl in den Vielen wie in dem Einzelnen wirkt. Daher gibt es nicht das Kollektiv oder den Einzelnen – nur das Denken. Das Individuum bekämpft das Kollektiv, und das Kollektiv bekämpft das Individuum, aber was beide gemeinsam haben, ist das Denken. Und das Denken ist es, das den Geist abstumpft, ob nun das Denken im Interesse des Einen oder der Vielen arbeitet, zur eigenen Weiterbildung oder für den sozialen Umbruch. Das Denken ist immer auf der Suche nach Sicherheit – der Sicherheit im Heim, in der Familie, im Glauben oder der Sicherheit, die das alles verwirft. Denken ist Sicherheit, und die Sicherheit liegt nicht nur in der Vergangenheit, von der aus die zukünftige Sicherheit aufgebaut wird, sondern das Denken ist auch die Sicherheit, die es jenseits der Zeit herzustellen versucht.

Stille war eingetreten. Und ein Sperling kam auf den Balkon, wo ein paar Brotkrumen lagen, und er pickte daran. Bald kamen auch seine Jungen, flatterten mit den Flügeln, und die Mutter begann sie zu füttern, eins nach dem anderen. Und ein Stückchen tiefblauer Himmel erschien über dem grünen Hügel.

„Aber wir können auf das Denken nicht verzichten", sagte der Student. „Alle unsere Bücher, alles, was geschrieben, zu Papier gebracht wurde, ist das Ergebnis des Denkens. Wollen Sie denn sagen, das alles sei unnötig? Es gäbe doch überhaupt keine Bildung, wenn es nach Ihnen ginge, nicht wahr? Das kommt mir sehr seltsam und fantastisch vor. Vor ein paar Minuten schienen Sie sehr intelligent zu sein. Wollen Sie zurück in ein primitives Stadium?"

Keineswegs. Aber wozu sind Sie denn ausgebildet worden? Sie könnten Soziologe, Anthropologe oder Naturwissenschaftler sein, der mit seinem spezialisierten Gehirn an einem Fragment des ganzen Bereichs des Lebens arbeitet. Sie sind voll von Wissen und Worten, mit brauchbaren Erklärungen und Rationalisierungen. Und vielleicht wird in der Zukunft der Computer das alles unendlich viel besser können als Sie.

Vielleicht haben Bildung und Erziehung eine vollkommen andere Bedeutung – nicht einfach die Übertragung einer bedruckten Buchseite auf Ihr Gehirn. Bildung könnte bedeuten, die Tore zur Wahrnehmung der unermeßlichen Bewegung des Lebens zu öffnen. Es könnte bedeuten zu lernen, glücklich und frei zu leben, ohne Haß und Verwirrung, sondern in einem glückseligen Zustand. Die moderne Erziehung blendet uns; wir lernen, einander mehr und mehr zu bekämpfen, miteinander zu wetteifern, zu streiten. In Wirklichkeit bedeutet richtige Erziehung, eine andere Lebensweise zu entdecken, die den Geist von seiner eigenen Konditionierung befreit. Und vielleicht kann es dann Liebe geben, die, wenn sie gelebt wird, eine echte Beziehung der Menschen zueinander bewirkt.

ACHT GESPRÄCHE

I

FRAGESTELLER: Ich wünschte, ich wäre plötzlich in einer ganz anderen Welt, einer Welt voller Intelligenz, von Glück und Liebe erfüllt. Ich möchte am anderen Ufer des Flusses sein, ohne die Anstrengung des Überquerens und ohne Kundige nach dem Weg fragen zu müssen. Ich habe viele verschiedene Teile der Welt bereist und die menschlichen Bestrebungen in verschiedenen Bereichen des Lebens gesehen. Nichts interessierte mich, außer der Religion. Ich würde alles tun, um ans andere Ufer zu gelangen, in eine andere Dimension einzudringen und alles mit klarem Blick zu sehen, als sei es das erste Mal. Ich habe das sichere Gefühl, daß es einen plötzlichen Durchbruch aus all dieser Banalität des Lebens geben muß. Das muß es einfach geben!

Als ich kürzlich in Indien war, hörte ich eine Tempelglocke läuten, und das hatte eine sehr seltsame Wirkung auf mich. Plötzlich hatte ich das Gefühl einer außerordentlichen Harmonie und Schönheit, wie ich es nie zuvor gekannt hatte. Es geschah so plötzlich, daß ich ganz benommen davon war, und es war etwas Wirkliches, keine Einbildung oder Illusion. Dann kam ein Führer und fragte mich, ob er mir die Tempel zeigen dürfe, und im selben Moment war ich wieder in der Welt des Lärms und der Gewöhnlichkeit. Ich will das Gefühl wieder wachrufen, aber natürlich ist es, wie Sie sagen, nur eine tote Erinnerung und daher wertlos. Was kann ich tun oder nicht tun, um ans andere Ufer zu gelangen?

KRISHNAMURTI: Es gibt keinen Weg zum anderen Ufer. Es gibt kein Handeln, kein Verhalten, keine Vorschrift, welche die Tür zum Anderen öffnet. Es ist kein Entwicklungsprozeß, es ist nicht das Ergebnis einer Disziplin; es kann nicht gekauft, geschenkt oder eingeladen werden. Wenn das klar ist, wenn der Geist sich selbst vergessen hat und nicht mehr „das andere Ufer" oder „dieses Ufer" sagt – wenn der Geist aufgehört hat, herumzutasten und zu suchen, wenn eine totale Leere, ein Raum im Geist entstanden ist –, dann und nur dann ist es da.

FRAGESTELLER: Ich verstehe verbal, was Sie sagen, aber ich kann nicht aufhören, herumzutasten und mich zu sehnen, denn tief innerlich glaube ich nicht, daß es keinen Weg, keine Disziplin, keine Handlung gibt, die mich zum anderen Ufer bringen wird.

KRISHNAMURTI: Was meinen Sie mit „Ich glaube nicht, daß es keinen Weg gibt"? Meinen Sie, ein Lehrer wird Sie bei der Hand nehmen und hinüberführen?

FRAGESTELLER: Nein. Ich hoffe aber, daß jemand, der es versteht, es mir direkt zeigen wird, denn es muß tatsächlich die ganze Zeit da sein, weil es Wirklichkeit ist.

KRISHNAMURTI: Das alles ist doch nur eine Vermutung. Sie hatten dieses plötzliche Gefühl von Wirklichkeit, als Sie die Tempelglocke hörten, aber das ist eine Erinnerung, wie Sie sagten, und aus dieser ziehen Sie einen Schluß, daß es immer da sein muß, weil es wirklich ist. Wirklichkeit ist eine merkwürdige Sache; sie ist da, wenn Sie nicht hinsehen, aber wenn Sie hinsehen, mit Begierde, dann ist das, was Sie erhaschen, die Projektion Ihrer Begierde, nicht die Wirklichkeit. Die Wirklichkeit ist etwas Lebendiges und kann nicht eingefangen werden, und Sie können nicht sagen, sie ist immer da. Einen Weg gibt es nur zu etwas, das feststeht, das einen festen, statischen Ort hat. Wie kann es zu etwas Lebendigem, das ständig in Bewegung ist, das keinen Ruheplatz hat, einen Führer oder einen Weg geben? Der Geist ist so begierig, es zu erreichen, zu ergreifen, daß er es zu etwas Totem macht. Können Sie deshalb die Erinnerung an jenen Zustand, in dem Sie waren, beiseite legen? Können Sie den Lehrer, den Weg, das Ziel beiseite lassen – so vollkommen beiseite lassen, daß Ihr Geist von allem Suchen entleert ist? Zur Zeit ist Ihr Geist so beschäftigt mit diesem überwältigenden Verlangen, daß allein diese Beschäftigung zu einem Hindernis wird. Sie suchen, fragen, verlangen, am anderen Ufer zu sein. Das andere Ufer setzt doch voraus, daß es *dieses* Ufer gibt, und um von diesem Ufer zum anderen Ufer zu gelangen, sind Raum und Zeit zu überwinden. Das ist es, was Sie festhält und diese schmerzliche Sehnsucht nach dem anderen Ufer heraufbeschwört. Das ist das eigentliche Problem – Zeit, die trennt, Raum, der trennt, die Zeit, die notwendig ist, um dorthin zu gelangen, und der Raum als die Entfernung zwischen diesem und dem anderen. Dieses will das andere werden und stellt fest, daß es aufgrund der Entfernung und der Zeit, die es braucht, um diese Entfernung zu überwinden, nicht möglich ist. Darin steckt nicht nur ein Vergleichen, sondern auch ein Messen, und ein Geist, der messen kann, ist auch anfällig für Illusionen. Diese Trennung von Raum und Zeit zwischen diesem und jenem ist die Gewohnheit des Geistes, also des Denkens. Wissen Sie, daß dort, wo Liebe ist, der Raum verschwindet und die Zeit verschwindet? Nur wenn Denken und Verlangen hinzukommen, dann entsteht ein Abstand in Form von Zeit, der überbrückt werden muß. Wenn Sie das erkennen, dann *ist* dieses das andere.

FRAGESTELLER: Aber ich verstehe es nicht. Ich fühle, daß das, was Sie sagen, wahr ist, aber es entzieht sich mir.

KRISHNAMURTI: Sir, Sie sind so ungeduldig, und gerade diese Ungeduld hat etwas Aggressives. Sie greifen an, Sie behaupten etwas. Sie sind nicht still, um zu schauen, zuzuhören, tief zu empfinden. Sie wollen um jeden Preis ans andere Ufer, und Sie schwimmen verzweifelt, ohne zu wissen, wo das andere Ufer ist. Das andere Ufer könnte dieses Ufer sein, und dann schwimmen Sie von ihm fort. Wenn ich Ihnen einen Vorschlag machen darf: Hören Sie auf zu schwimmen. Das heißt nicht, daß Sie stumpf werden sollen, dahinvegetieren und nichts tun, sondern vielmehr, daß Sie passiv gewahr sein sollen, ohne irgendeine Wahl zu treffen und ohne zu messen – dann warten Sie ab, was geschieht. Vielleicht geschieht gar nichts, aber wenn Sie erwarten, daß die Glocke wieder läutet, wenn Sie erwarten, daß das tiefe Gefühl und die Freude wiederkommen, dann schwimmen Sie in die entgegengesetzte Richtung. Still zu sein erfordert große Energie; Schwimmen vergeudet diese Energie. Sie brauchen Ihre *ganze* Energie für die Stille des Geistes, und nur in der Leere, in vollkommener Leere, kann etwas Neues entstehen.

FRAGESTELLER: Alle sogenannten religiösen Menschen haben etwas gemeinsam, und ich beobachte das gleiche bei den meisten Leuten, die kommen, um Sie zu hören. Sie alle suchen etwas, das sie unterschiedlich als Nirwana, Befreiung, Erleuchtung, Selbstverwirklichung, Ewigkeit oder Gott bezeichnen. Ihr Ziel wird in verschiedenen Lehren definiert und ihnen vor Augen gestellt, und jede dieser Lehren, dieser Systeme, hat ihre heiligen Bücher, ihre Jünger und Lehrer, ihre Morallehre und Philosophie, ihre Versprechungen und Drohungen – einen geraden und schmalen Weg, der den Rest der Welt ausschließt und an seinem Ende diesen oder jenen Himmel in Aussicht stellt. Die meisten dieser Suchenden ziehen von einem System zum anderen, ersetzen die Lehre, die sie unlängst fallengelassen haben, mit der neuesten Lehre. Sie taumeln von einer Gefühlsorgie zur anderen, ohne zu überlegen, daß all dem Suchen der gleiche Prozeß zu Grunde liegt. Einige von ihnen bleiben bei einem einzigen System und einer Gruppe und weigern sich, davon abzuweichen. Andere schließlich glauben, daß sie verwirklicht haben, was immer sie verwirklichen wollten, und dann verbringen sie ihre Tage in innerer Glückseligkeit und gewinnen damit wiederum eine Gruppe von Jüngern, und der ganze Kreislauf beginnt wieder von neuem. In all dem steckt die zwanghafte Begierde, eine gewisse Verwirklichung zu erreichen, und gewöhnlich endet dies in bitterer Enttäuschung und Vergeblichkeit. Mir kommt das alles sehr ungesund vor. Diese Leute opfern das normale Leben einem imaginären Ziel, und dieses Milieu hat einen höchst unangenehmen Beigeschmack von Fanatismus, Hysterie, Gewalttätigkeit und Dummheit. Man ist überrascht, darunter auch gewisse gute Schriftsteller zu finden, die in anderer Beziehung ganz normal zu sein scheinen. Das alles nennt man Religion. Die ganze Sache stinkt zum Himmel. Das ist der Weihrauch der Frömmigkeit. Ich habe es überall beobachtet. Diese Suche nach Erleuchtung verursacht großen Schaden, und Menschen fallen ihr zum Opfer. Nun würde ich Sie gerne fragen, gibt es tatsächlich so etwas wie Erleuchtung, und wenn ja, was ist es?

KRISHNAMURTI: Wenn es sich um eine Flucht aus dem Alltagsleben handelt, dem alltäglichen Leben, das eine außerordentliche Bewegung von Beziehungen darstellt, dann ist diese sogenannte Verwirklichung, diese sogenannte Erleuchtung oder wie auch immer man es nennen will, Illusion und Heuchelei. Alles, was die Liebe und das Verstehen des Lebens und Handelns verleugnet, muß zwangsläufig viel Schaden anrichten. Es verformt den Geist und macht das Leben zu einer schrecklichen Angelegenheit. Wenn wir dies voraussetzen, dann vielleicht können wir versuchen herauszufinden, ob Erleuchtung – was immer das bedeuten mag – mitten im täglichen Leben gefunden werden kann. Schließlich ist Leben wichtiger als jede Idee, jedes Ideal, Ziel oder Prinzip. Nur weil wir nicht zu leben verstehen, erfinden wir diese visionären, unrealistischen Ideen, die eine Fluchtmöglichkeit bieten. Die eigentliche Frage ist, kann man Erleuchtung im Leben, in den täglichen Verrichtungen des Lebens finden, oder ist sie nur für die Wenigen, die mit einer außerordentlichen Fähigkeit begabt sind, diese Glückseligkeit zu entdecken? Erleuchtung bedeutet, sich selbst ein Licht zu sein, aber ein Licht, das nicht vorgespiegelt oder eingebildet ist, das keine Sinnestäuschung ist. Schließlich ist dies immer die Lehre der wahren Religion gewesen, wenn auch nicht die des organisierten Glaubens und der Furcht.

FRAGESTELLER: Sie sagen: „die Lehre der wahren Religion". Da entsteht doch sofort das Lager der Professionellen und Spezialisten, das sich gegen den Rest der Welt abgrenzt. Meinen Sie damit, daß die Religion vom Leben getrennt ist?

KRISHNAMURTI: Religion ist nicht getrennt vom Leben; im Gegenteil, sie ist das Leben selbst. Es ist die Trennung zwischen Religion und Leben, die das ganze Elend, von dem Sie sprechen, hervorgerufen hat. Damit kommen wir wieder auf die Grundfrage zurück, ob es möglich ist, im täglichen Leben in einem Zustand zu leben, den wir jetzt einmal Erleuchtung nennen wollen?

FRAGESTELLER: Ich weiß immer noch nicht, was Sie mit Erleuchtung meinen.

KRISHNAMURTI: Einen Zustand der Verneinung. Die Verneinung ist das positivste Handeln, nicht die positive Bejahung. Es ist sehr wichtig, das zu verstehen. Die meisten von uns akzeptieren ganz mühelos ein positives Dogma, ein positives Glaubensbekenntnis, weil wir sicher sein, dazugehören, gebunden und abhängig sein wollen. Die positive Einstellung ist trennend und führt zur Dualität. Dann beginnt der Konflikt zwischen dieser Einstellung und anderen. Doch die Verneinung aller Werte, aller Morallehren, aller Glaubensrichtungen, eine Verneinung, die keine Grenzen kennt, kann nicht zu irgend etwas in Opposition sein. Eine positive Bejahung wirkt bereits ihrer Definition nach trennend, und Trennung ist Widerstand. Daran sind wir gewöhnt, das ist unsere Konditionierung. Das alles zu verleugnen, ist nicht unmoralisch; im Gegenteil, alle Trennung und allen Widerstand zu leugnen, ist die höchste Moral. Alles zu verneinen, was der Mensch erfunden hat, alle seine Wertvorstellungen, Morallehren und Götter zu verneinen, heißt in einem Geisteszustand zu sein, in dem keine Dualität existiert und daher kein Widerstand oder Konflikt zwischen Gegensätzen. In diesem Zustand gibt es keine Gegensätze, und dieser Zustand ist nicht das Gegenteil von etwas anderem.

FRAGESTELLER: Woher wissen Sie dann, was gut und was schlecht ist? Oder gibt es kein Gut und Schlecht? Was wird mich von Verbrechen und Mord abhalten? Wenn ich keine Maßstäbe habe, was bewahrt mich dann vor allen möglichen Verirrungen?

KRISHNAMURTI: Dies alles zu verleugnen bedeutet, sich selbst zu verleugnen, und man selbst ist das konditionierte Wesen, das unaufhörlich nach einem konditionierten Guten strebt. Den meisten von uns erscheint die Verneinung als ein Vakuum, weil wir nur ein Handeln im Gefängnis unserer Konditionierung, in Angst und Elend kennen. Aus diesem Blickwinkel sehen wir die Verneinung und stellen sie uns als einen schrecklichen Zustand von Vergessen oder Leere vor. Für den Menschen, der alle Behauptungen der Gesellschaft, Religion, Kultur und Moral verneint hat, ist der Mensch, der noch im Gefängnis der gesellschaftlichen Konformität lebt, ein leidender Mensch. Verneinung ist der Zustand der Erleuchtung, der sich in allen Aktivitäten eines Menschen auswirkt, der frei von der Vergangenheit ist. Es ist die Vergangenheit mit ihrer Tradition und Autorität, die verneint werden muß. Verneinung ist Freiheit, und es ist der freie Mensch, der lebt, liebt und weiß, was es bedeutet zu sterben.

FRAGESTELLER: So viel ist klar; aber Sie sagen nichts über die Andeutung von etwas Transzendentem, etwas Göttlichem oder wie man es auch nennen mag.

KRISHNAMURTI: Diese Andeutung kann nur in Freiheit gefunden werden, und jede Aussage darüber ist die Verleugnung der Freiheit; jede Aussage darüber wird zu einer Über-mittlung von Worten ohne Bedeutung. Es *ist* da, aber es kann nicht gefunden oder eingeladen, geschweige denn in ein System eingesperrt oder von irgendwelchen schlauen Tricks des Verstandes überlistet werden. Es ist nicht in den Kirchen oder Tempeln oder Moscheen. Es führt kein Weg zu ihm; kein Guru, kein System kann seine Schönheit offen-baren; seine Ekstase kommt nur, wenn Liebe da ist. Das ist Erleuchtung.

FRAGESTELLER: Bringt es ein neues Verständnis des Univer-sums oder des Bewußtseins oder Seins? Alle religiösen Texte sind voll davon.

KRISHNAMURTI: Das ist, wie wenn man Fragen über das an-dere Ufer stellt, während man an diesem Ufer lebt und lei-det. Wenn Sie am anderen Ufer sind, dann sind Sie alles und nichts, und sie stellen nie solche Fragen. Alle diese Fragen sind von diesem Ufer und haben wirklich nicht die gering-ste Bedeutung. Beginnen Sie zu leben, und Sie werden dort sein, ohne zu fragen, ohne zu suchen, ohne Furcht.

III

FRAGESTELLER: Ich sehe, wie wichtig es ist, die Angst, das Leiden, den Zorn und die ganze Seelenqual des Menschen zu beenden. Ich sehe, daß man das Fundament des Wohlverhaltens legen muß, das man gewöhnlich als Anständigkeit bezeichnet, und daß darin kein Platz ist für Haß oder Neid und auch nicht für die Grausamkeit, in der die Menschheit lebt. Ich sehe auch, daß es Freiheit geben muß – nicht von etwas Bestimmtem, sondern Freiheit an sich – und daß man nicht immer im Gefängnis seiner eigenen Ansprüche und Wünsche leben darf. Das alles sehe ich ganz klar, und ich versuche – wenn Sie vielleicht auch das Wort „versuchen" nicht mögen –, im Licht dieses Verständnisses zu leben. Ich habe mich einer eingehenden Selbstprüfung unterzogen. Ich bin nicht an die Dinge dieser Welt gebunden, auch an keine Religion. Nun möchte ich Sie fragen: Angenommen, man ist – nicht nur äußerlich, sondern auch innerlich – frei von all dem Elend und der Verwirrung des Lebens, was ist dann hinter der Wand? Wenn ich sage „die Wand", meine ich Angst, Leid und den ständigen Zwang des Denkens. Was ist da, das man sehen kann, wenn der Geist still und keiner besonderen Aktivität verpflichtet ist?

KRISHNAMURTI: Was meinen Sie, wenn Sie sagen: Was ist da? Meinen Sie etwas, das wahrgenommen, gefühlt, erfahren, verstanden werden muß? Fragen Sie etwa, was Erleuchtung ist? Oder fragen Sie, was auf der anderen Seite ist, wenn der Geist wirklich still ist?

FRAGESTELLER: Das alles frage ich. Wenn der Geist still ist, scheint nichts da zu sein. Es muß etwas unerhört Wichtiges hinter allem Denken zu entdecken sein. Der Buddha und ein oder zwei andere sprachen über etwas so Unermeßliches, daß sie es nicht in Worte fassen konnten. Der Buddha sagte: „Meßt das Unermeßliche nicht mit Worten." Jeder hat Momente gekannt, wo der Geist vollkommen still war, und daran war gar nichts besonders Großartiges; es war einfach nur Leere. Und doch hat man das Gefühl, da ist etwas gerade um die Ecke herum, das, einmal entdeckt, das ganze Leben verwandelt. Nach dem, was die Leute sagen, scheint ein stiller Geist notwendig zu sein, um dies zu entdecken. Ich sehe auch, daß nur ein unbelasteter, stiller Geist wahrhaft empfänglich dafür sein kann. Aber es muß noch etwas geben, das viel mehr ist als einfach nur ein unbelasteter, stiller Geist – viel mehr als ein unschuldiger Geist, mehr sogar als ein liebender Geist.

KRISHNAMURTI: Und was ist nun die Frage? Sie haben behauptet, daß ein stiller, empfänglicher, wacher Geist notwendig ist, nicht nur, um gut zu funktionieren, sondern auch, um Dinge um Sie herum und in Ihnen selbst zu verstehen.

FRAGESTELLER: Alle Philosophen und Wissenschaftler entdecken ständig etwas. Einige von Ihnen sind erstaunlich klug, viele von ihnen sind sogar redlich. Aber wenn man einmal alles nachgeprüft hat, was sie entdeckt oder geschaffen oder ausgedrückt haben, dann ist es eigentlich gar nicht so viel, und mit Sicherheit findet man dort keine Andeutung von irgend etwas Göttlichem.

KRISHNAMURTI: Fragen Sie, ob sich hinter all dem etwas Heiliges verbirgt? Fragen Sie, ob es eine andere Dimension gibt, in welcher der Geist leben und etwas verstehen kann, das nicht bloß intellektuelles Blendwerk ist? Fragen Sie etwa indirekt, ob es etwas Höheres gibt oder nicht gibt?

FRAGESTELLER: Sehr viele Menschen haben mit großer Überzeugungskraft gesagt, daß es einen unermeßlichen Schatz gibt, welcher die Quelle des Bewußtseins ist. Sie alle stimmen darin überein, daß man diese Quelle nicht beschreiben kann. Sie stimmen nicht darin überein, wie man sie entdeckt, doch alle scheinen zu denken, daß das Denken aufhören muß, bevor sie sich offenbaren kann. Manche sagen, sie besteht aus dem gleichen Stoff, aus dem das Denken entstanden ist, und so weiter und so fort. Alle stimmen darin überein, daß man nicht wirklich lebt, solange man sie nicht entdeckt hat. Offensichtlich sagen Sie selbst mehr oder weniger das gleiche. Nun folge ich überhaupt keinem System oder einer Disziplin, keinem Guru oder Glauben. Ich brauche diese Dinge nicht, um mir zu sagen, daß es etwas Transzendentes gibt. Wenn Sie ein Blatt oder ein Gesicht betrachten, erkennen Sie, daß es etwas viel Größeres gibt als die wissenschaftlichen oder biologischen Erklärungen der Existenz. Ich habe den Eindruck, daß Sie aus dieser Quelle getrunken haben. Wir hören auf das, was Sie uns sagen. Sie machen uns auf die Trivialität und Begrenztheit des Denkens aufmerksam. Wir hören zu, wir reflektieren, und wir finden eine neue Stille. Der Konflikt endet. Aber was dann?

KRISHNAMURTI: Warum fragen Sie das?

FRAGESTELLER: Sie fragen einen Blinden, warum er sehen will.

KRISHNAMURTI: Die Frage war kein cleverer Schachzug; sie wurde nicht gestellt, um darauf aufmerksam zu machen, daß ein stiller Geist überhaupt nicht fragt, sondern um herauszufinden, ob Sie wirklich nach etwas Transzendentem suchen. Wenn Sie das tun, was ist dann das Motiv hinter dieser Suche – Neugier, ein dringendes Bedürfnis, es zu entdecken, oder das Verlangen, eine Schönheit zu sehen, die Sie nie zuvor gesehen haben? Ist es Ihnen nicht wichtig, selbst herauszufinden, ob Sie nach einem Mehr verlangen oder ob Sie versuchen, genau das zu sehen, was *ist*? Diese zwei Dinge sind unvereinbar. Wenn Sie das Mehr beiseite lassen können, dann haben wir es nur mit dem zu tun, was ist, wenn der Geist still ist. Was findet tatsächlich statt, wenn der Geist ganz still ist? Das ist doch die eigentliche Frage, nicht wahr? Nicht was transzendent ist oder was jenseits liegt.

FRAGESTELLER: Meine Frage ist aber, was jenseits liegt.

KRISHNAMURTI: Was jenseits liegt, kann man nur finden, wenn der Geist still ist. Vielleicht ist etwas da oder vielleicht überhaupt nichts. Also ist das einzig Wichtige, daß der Geist still ist. Noch einmal, wenn Sie interessiert, was sich jenseits befindet, dann sind Sie nicht interessiert an dem Tor, denn wichtig ist nur dieses Tor, diese Stille. Deshalb können Sie nicht fragen, was dahinter liegt. Das einzige Wichtige ist, daß der Geist still ist. Was findet dann statt? Das ist alles, was uns angeht, nicht das, was jenseits der Stille ist.

FRAGESTELLER: Sie haben recht. Die Stille hat für mich nur Bedeutung als ein Tor.

KRISHNAMURTI: Woher wissen Sie, daß es ein Tor ist und nicht die Sache selbst? Das Mittel ist der Zweck, es sind nicht zwei verschiedene Dinge. Stille ist die einzige Tatsache, nicht das, was Sie durch sie entdecken. Bleiben wir bei der Tatsache, und sehen wir, was diese Tatsache ist. Es ist von großer Wichtigkeit, vielleicht von der allergrößten Wichtigkeit, daß diese Stille eine Stille an sich ist und nicht etwas, das als ein Mittel zu einem Zweck herbeigeführt wird, nicht etwas, das durch Drogen, Disziplin oder Wiederholung von Wörtern heraufbeschworen wird.

FRAGESTELLER: Die Stille kommt von allein, ohne ein Motiv und ohne Ursache.

KRISHNAMURTI: Aber Sie benutzen sie als ein Mittel.

FRAGESTELLER: Nein. Ich habe die Stille erlebt, und ich weiß, daß nichts passiert.

KRISHNAMURTI: Das ist es ja gerade. Es gibt keine andere Tatsache als die Stille, eine Stille, die nicht eingeladen, herbeigeführt, gesucht wird, sondern die das natürliche Ergebnis der Beobachtung und des Verstehens des eigenen Selbst und seiner Umwelt ist. Dem liegt kein Motiv zu Grunde, das die Stille herbeigeführt hat. Wenn auch nur der Schatten oder Verdacht eines Motivs da ist, dann ist diese Stille zielgerichtet und beabsichtigt und ist überhaupt keine Stille. Wenn Sie ehrlich sagen können, daß diese Stille frei ist, dann ist das, was wirklich in dieser Stille stattfindet, unser einziges Anliegen. Was ist die Eigenschaft und Beschaffenheit dieser Stille? Ist sie oberflächlich, vorübergehend, meßbar? Sind Sie sich ihrer bewußt, nachdem sie vorbei ist oder nur während der Stille? Wenn Ihnen bewußt ist, daß Sie still gewesen sind, dann ist sie nur eine Erinnerung und folglich tot. Wenn Sie sich der Stille bewußt sind, während sie stattfindet, ist es dann Stille? Wenn kein Beobachter da ist – das heißt, kein Bündel von Erinnerungen –, ist es dann Stille? Ist sie etwas, das periodisch eintritt, das kommt und geht, je nach Ihrer körperlichen Verfassung? Kommt sie, wenn Sie allein sind oder mit anderen Leuten zusammen oder wenn Sie versuchen zu meditieren? Was wir versuchen herauszufinden, ist das Wesen dieser Stille. Ist sie reich oder arm? (Ich meine nicht, reich an Erfahrung oder arm, weil sie ungebildet ist.) Ist sie voll oder leer? Ist sie unschuldig, oder ist sie künstlich? Ein Geist kann eine Tatsache sehen und nicht die Schönheit, die Tiefe, die Qualität dieser Tatsache. Ist es möglich, die Stille ohne den Beobachter zu beobachten? Wenn Stille herrscht, dann ist nur Stille da und sonst nichts. Was findet dann in dieser Stille statt? Ist das Ihre Frage?

FRAGESTELLER: Ja.

KRISHNAMURTI: Gibt es eine Beobachtung der Stille durch Stille in der Stille?

FRAGESTELLER: Das ist eine neue Frage.

KRISHNAMURTI: Es ist keine neue Frage, wenn Sie mir gefolgt sind. Das ganze Gehirn, der Geist, die Gefühle, der Körper, alles ist still. Kann dieses Stillsein, diese Stille, sich selbst sehen, nicht als ein Beobachter, der still ist? Kann die Totalität dieser Stille ihre eigene Totalität beobachten? Die Stille wird ihrer selbst gewahr – darin ist keine Trennung zwischen einem Beobachter und dem Beobachteten. Das ist der Kernpunkt. Die Stille benutzt sich nicht selbst, um etwas jenseits ihrer selbst zu entdecken. Da ist nur diese Stille. Nun passen Sie auf, was geschieht.

IV

FRAGESTELLER: Ich habe eine besonders lästige Gewohnheit; ich habe zwar noch andere Gewohnheiten, die aber relativ unbedeutend sind. Diese Gewohnheit habe ich bekämpft, so lange ich mich erinnern kann. Sie muß sich in der frühen Kindheit entwickelt haben. Niemand machte sich die Mühe, sie zu korrigieren, und je älter ich wurde, um so tiefer hat sie sich eingewurzelt. Manchmal verschwindet sie, aber sie kommt immer wieder. Offenbar bin ich nicht imstande, sie loszuwerden. Ich möchte ihrer vollkommen Herr werden. Es ist bei mir zu einer Manie geworden, diese Gewohnheit zu überwinden. Was soll ich tun?

KRISHNAMURTI: Nach dem, was Sie sagen, sind Sie seit vielen, vielen Jahren in eine Gewohnheit verfallen, und Sie haben eine andere Gewohnheit gepflegt, die Gewohnheit, sie zu bekämpfen. Sie wollen also eine Gewohnheit loswerden, indem Sie eine andere pflegen, nämlich die Ablehnung der ersten. Sie bekämpfen eine Gewohnheit mit einer anderen. Wenn Sie die erste Gewohnheit nicht loswerden können, fühlen Sie sich schuldig, beschämt, deprimiert, vielleicht auch wütend auf sich selbst wegen Ihrer Schwäche. Die eine wie die andere Gewohnheit sind zwei Seiten derselben Münze – ohne die erste gäbe es die zweite nicht. Also ist die zweite eigentlich eine Fortsetzung der ersten in Form einer Reaktion. Jetzt haben Sie also zwei Probleme, während Sie anfangs nur eines hatten.

FRAGESTELLER: Ich weiß schon, was Sie sagen werden, denn ich weiß, was Sie über Gewahrsein sagen, aber ich kann nicht die ganze Zeit einer Sache gewahr sein.

KRISHNAMURTI: Jetzt spielen sich also mehrere Dinge gleichzeitig in Ihnen ab: zunächst einmal die ursprüngliche Gewohnheit, dann der Wunsch, sie loszuwerden, dann die Enttäuschung, daß es Ihnen mißlungen ist, und dann der Entschluß, ihrer ständig gewahr zu sein. Dieses Netzwerk ist entstanden, weil Sie diese eine Gewohnheit unbedingt loswerden wollen; das ist Ihr einziger Ansporn, und Sie schwanken ständig zwischen der Gewohnheit und ihrer Bekämpfung. Sie sehen nicht, daß das eigentliche Problem ist, überhaupt Gewohnheiten zu haben, gute oder schlechte, nicht nur eine bestimmte Gewohnheit. Die eigentliche Frage ist also, ist es möglich, mit einer Gewohnheit zu brechen, ohne die geringste Anstrengung, ohne ihr Gegenteil zu pflegen, ohne sie durch ununterbrochene Wachsamkeit zu unterdrücken, die Widerstand bedeutet? Ununterbrochene Wachsamkeit ist einfach nur eine andere Gewohnheit, da sie durch die Gewohnheit hervorgerufen wurde, die sie zu überwinden sucht.

FRAGESTELLER: Meinen Sie, ich kann die Gewohnheit auch ohne dieses komplizierte Netzwerk von Reaktionen loswerden?

KRISHNAMURTI: Solange Sie sie loswerden wollen, ist das komplizierte Netzwerk von Reaktionen aktiv. Der Wunsch, sie loszuwerden, *ist* dieses reagierende Netzwerk. Sie haben also dieses nutzlose Netzwerk nicht wirklich abgeschaltet.

FRAGESTELLER: Aber wie dem auch sei, ich muß etwas dagegen tun!

KRISHNAMURTI: Das zeigt, daß Sie von diesem einen Wunsch beherrscht sind. Dieser Wunsch mit seinen Reaktionen unterscheidet sich nicht von der Gewohnheit, beide geben einander Nahrung. Der Wunsch, überlegen zu sein, ist nichts anderes, als unterlegen zu sein, also ist der Überlegene der Unterlegene. Der Heilige ist der Sünder.

FRAGESTELLER: Soll ich also überhaupt nichts dagegen tun?

KRISHNAMURTI: Was Sie dagegen tun, ist das Pflegen einer anderen Gewohnheit, die zu der alten im Widerspruch steht.

FRAGESTELLER: Wenn ich also nichts tue, dann bleibt mir die Gewohnheit, und wir sind wieder am Anfang.

KRISHNAMURTI: Sind wir das wirklich? Wenn Sie wissen, daß das, was sie tun, um mit der Gewohnheit zu brechen, die Pflege einer anderen Gewohnheit bedeutet, dann bleibt nur eins zu tun, nämlich überhaupt nichts gegen diese Gewohnheit zu tun. Was immer Sie tun, geschieht nach dem Muster von Gewohnheiten; somit ist die größte Tat der Intelligenz, gar nichts zu tun und nicht das Gefühl zu haben, Sie müßten sie bekämpfen. Wenn Sie irgend etwas Positives tun, sind Sie wieder im Kraftfeld der Gewohnheiten. Wenn Sie das ganz klar sehen, verspüren Sie sofort ein Gefühl großer Erleichterung und Leichtigkeit. Jetzt sehen Sie, daß eine Gewohnheit zu bekämpfen, indem Sie eine andere pflegen, die erste Gewohnheit nicht beendet. Also hören Sie auf, sie zu bekämpfen.

FRAGESTELLER: Dann bleibt nur die Gewohnheit und kein Widerstand gegen sie.

KRISHNAMURTI: Jede Form von Widerstand gibt der Gewohnheit Nahrung, was nicht heißen soll, daß Sie mit der Gewohnheit weitermachen. Sie werden der Gewohnheit und der Pflege ihres Gegenteils, was ebenfalls eine Gewohnheit ist, gewahr, und dieses Gewahrsein zeigt Ihnen, daß alles, was sie in Bezug auf diese Gewohnheiten tun, nur dazu führt, daß sich eine weitere Gewohnheit bildet. Und jetzt, nachdem Sie diesen ganzen Prozeß beobachtet haben, sagt Ihre Intelligenz, tue gar nichts gegen die Gewohnheit. Beachte sie nicht. Kümmere dich nicht um sie, denn je mehr du dich um sie kümmerst, um so aktiver wird sie. Jetzt ist die Intelligenz aktiv, und sie beobachtet. Dieses Beobachten ist völlig verschieden von der Wachsamkeit des Widerstands gegen die Gewohnheit, von der Reaktion auf sie. Wenn Sie das Gefühl entwickeln, daß diese Intelligenz beobachtet, dann wird dieses Gefühl handeln und mit der Gewohnheit fertig werden, nicht aber die Wachsamkeit von Entschluß und Willen. Wichtig ist also nicht die Gewohnheit, sondern das Verstehen der Gewohnheit, welches die Intelligenz weckt. Diese Intelligenz bleibt wach ohne die Energie des Verlangens und des Willens. Im ersten Fall wird der Gewohnheit mit Widerstand begegnet, im zweiten wird ihr überhaupt nicht begegnet, und das ist Intelligenz. Das Handeln der Intelligenz hat den Widerstand gegen die Gewohnheit, der dieser Gewohnheit Nahrung gibt, geschwächt.

FRAGESTELLER: Wollen Sie damit sagen, ich bin die Gewohnheit losgeworden?

KRISHNAMURTI: Langsam, seien Sie nicht zu voreilig in Ihrer Annahme, Sie seien sie losgeworden! Was wichtiger ist als Gewohnheit, ist dieses Verstehen, das Intelligenz ist. Diese Intelligenz ist heilig und darf deshalb nur mit reinen Händen berührt und nicht für kleine triviale Spiele mißbraucht werden. Ihre kleine Gewohnheit ist absolut unbedeutend. Wenn Intelligenz da ist, dann ist die Gewohnheit trivial; wenn die Intelligenz nicht da ist, dann ist das Rad der Gewohnheiten alles, was Sie haben.

V

FRAGESTELLER: Ich stelle fest, daß ich an manchen Menschen zu sehr hänge, daß ich von ihnen abhängig werde. In meinen Beziehungen entwickelt sich diese Anhänglichkeit zu dem Verlangen, von dem anderen Menschen Besitz zu ergreifen, was diesem wiederum das Gefühl gibt, dominiert zu werden. Da ich so abhängig bin und sehe, daß Unbehagen und Schmerz damit verbunden sind, versuche ich, mich zu distanzieren. Dann fühle ich mich schrecklich einsam, und da ich die Einsamkeit nicht aushalte, versuche ich, ihr durch Trinken und auf andere Art und Weise zu entfliehen. Ich will aber nicht bloß oberflächliche und unverbindliche Beziehungen haben.

KRISHNAMURTI: Da ist also die Anhänglichkeit, dann die Bemühung um Distanz, und daraus entsteht ein tieferer Konflikt, die Angst vor der Einsamkeit. Was ist also Ihr Problem, was wollen Sie herausfinden oder lernen? Ob jegliche Beziehung eine Frage der Abhängigkeit ist? Sie sind abhängig von der Außenwelt und von Menschen. Ist es möglich, frei zu sein, nicht nur von der Außenwelt und von Menschen, sondern frei in sich selbst, so daß Sie nicht von irgend etwas oder irgend jemandem abhängig sind? Kann es eine Freude geben, die nicht durch die Außenwelt und von Menschen verursacht wird? Die Außenwelt ändert sich, Menschen ändern sich, und wenn Sie von ihnen abhängig sind, dann sind Sie an sie gefesselt, oder aber Sie werden gleichgültig, gefühllos, zynisch, hart. Geht es also nicht eigentlich um die Frage, ob Sie ein Leben der Freiheit und Freude leben können, das nicht von der Außenwelt abhängig ist, weder von Menschen noch von Dingen? Das ist eine sehr wichtige

Frage. Die meisten Menschen sind Sklaven ihrer Familie oder ihrer äußeren Lebensumstände, und sie wollen die äußeren Umstände und die Menschen verändern in der Hoffnung, dadurch Freude zu finden und freier und aufgeschlossener leben zu können. Aber selbst wenn sie ihre eigene Umwelt schaffen und ihre eigenen Beziehungen wählen, werden sie bald wieder von der neuen Umgebung und den neuen Freunden abhängig. Kann Abhängigkeit in irgendeiner Form Freude bringen? Diese Abhängigkeit ist das Bedürfnis, sich auszudrücken, das Bedürfnis, etwas darzustellen. Der Mensch, der eine bestimmte Begabung oder Fähigkeit hat, ist davon abhängig, und wenn sie schwächer wird oder ganz verschwindet, dann fühlt er sich verloren und wird unglücklich und häßlich. Innerlich von *irgend etwas* abhängig zu sein – von Menschen, Besitz, Ideen, Talent –, bedeutet, Leiden heraufzubeschwören. Deshalb fragt man, ob es eine Freude gibt, die von allem unabhängig ist? Gibt es ein Licht, das nicht von einem anderen angezündet wurde?

FRAGESTELLER: Bisher wurde meine Freude immer von etwas oder jemandem außerhalb meiner selbst angefacht, ich kann also diese Frage nicht beantworten. Vielleicht wage ich erst gar nicht zu fragen, denn dann müßte ich vielleicht meine Lebensweise ändern. Natürlich bin ich abhängig vom Trinken, von Büchern, Sex und von menschlicher Gesellschaft.

KRISHNAMURTI: Aber wenn Sie selbst ganz klar sehen, daß diese Abhängigkeit verschiedene Formen von Angst und Elend hervorruft, müssen Sie dann nicht unausweichlich die andere Frage stellen, die nicht lautet, wie man frei von der Umwelt und den Menschen wird, sondern vielmehr, ob es eine Freude, ein Glück gibt, das sich selbst ein Licht ist?

FRAGESTELLER: Vielleicht stelle ich diese Frage, aber sie hat keinen Wert. Weil ich in all dem gefangen bin, existiert für mich nichts anderes.

KRISHNAMURTI: Womit Sie es zu tun haben, ist Abhängigkeit mit all ihren Folgen; das ist eine Tatsache. Dann gibt es noch eine tiefer liegende Tatsache, und das ist die Einsamkeit, das Gefühl, isoliert zu sein. Wenn wir uns einsam fühlen, dann klammern wir uns an Menschen, an Alkohol und alle möglichen anderen Fluchtwege. Anhänglichkeit ist eine Flucht vor der Einsamkeit. Kann diese Einsamkeit verstanden werden, und kann man selbst herausfinden, was dahinter steckt? Das ist die eigentliche Frage, nicht, was man gegen die Anhänglichkeit an Menschen und die Außenwelt tun kann. Kann dieses tiefe Gefühl der Einsamkeit, der Leere, überwunden werden? Jede Bewegung fort von der Einsamkeit verstärkt die Einsamkeit, und dann ist das Bedürfnis, ihr zu entfliehen, nur noch größer. Das führt zu Anhänglichkeit, die ihre eigenen Probleme mit sich bringt. Die Probleme der Anhänglichkeit beschäftigen den Geist so sehr, daß er die Einsamkeit aus den Augen verliert und sie nicht beachtet. Wir beachten also die Ursache nicht, sondern beschäftigen uns mit der Wirkung. Aber die Einsamkeit wirkt immer weiter, denn es gibt keinen Unterschied zwischen Ursache und Wirkung. Es gibt nur das, was ist. Die Einsamkeit wird nur dann zur Ursache, wenn sie vor sich selbst davonläuft. Es ist wichtig zu verstehen, daß diese Bewegung, die von sich selbst hinweg führt, immer noch sie selbst *ist* und somit ihre eigene Wirkung. Deshalb gibt es gar keine Ursache und Wirkung, keine Bewegung irgendwohin, sondern nur das, was ist. Sie sehen nicht, was ist, weil Sie sich an die Wirkung klammern. Da ist die Einsamkeit und eine scheinbare Bewegung von dieser Einsamkeit fort in die Anhänglichkeit; dann wird diese Anhänglichkeit mit all ihren Komplikationen so wichtig, so beherrschend, daß sie einen daran hindert, das zu betrachten, was ist. Die Bewegung hinweg von dem, was ist, ist Angst, und diese versuchen wir durch eine weitere Flucht loszuwerden. Es ist eine unaufhörliche Bewegung, anscheinend weg von dem, was ist, aber in Wirklichkeit findet überhaupt keine Bewegung statt. So kann also nur der Geist, der sieht, was ist, und sich nicht in irgendeine Richtung von sich weg bewegt, frei sein von dem, was ist. Da diese Kette von Ursache und Wirkung ein Handeln der Einsamkeit ist, wird klar, daß die Einsamkeit nur enden kann, wenn dieses Handeln endet.

FRAGESTELLER: Darüber muß ich sehr, sehr gründlich nachdenken.

KRISHNAMURTI: Aber auch das kann eine Beschäftigung sein, die zur Flucht wird. Wenn Sie das alles mit vollkommener Klarheit sehen, dann ist es wie der Flug des Adlers, der keine Spur in der Luft hinterläßt.

VI

FRAGESTELLER: Ich bin zu Ihnen gekommen, um herauszufinden, warum es diese Schranke, diese Trennung zwischen einem selbst und allem anderen gibt, sogar zwischen einem selbst und der eigenen Frau und den Kindern. Wohin man auch geht, findet man diese Trennung – nicht nur bei sich selbst, sondern auch bei allen anderen. Die Menschen reden viel über Einheit und Bruderschaft, aber ich frage mich, ob es überhaupt möglich ist, wirklich frei von dieser Schranke, dieser schmerzlichen Trennung zu sein? Ich kann mir intellektuell einreden, daß es keine wirkliche Trennung gibt; ich kann mir die Ursachen dieser Trennungen erklären – nicht nur zwischen Mensch und Mensch, sondern zwischen Theorien, Theologien und Regierungen –, aber ich weiß im Innersten, daß diese unerklärliche Trennung, diese tiefe Kluft da ist, die mich von anderen trennt. Ich habe immer das Gefühl, an diesem Ufer zu stehen, und alle anderen sind am anderen Ufer, und zwischen uns liegt dieses tiefe Meer. Das ist mein Problem – warum ist da diese Kluft der Trennung?

KRISHNAMURTI: Sie haben vergessen, den Unterschied zu erwähnen, den Widerspruch, die Lücke zwischen einem Gedanken und einem anderen, zwischen einem Gefühl und einem anderen, den Widerspruch zwischen verschiedenen Handlungen, die Trennung von Leben und Tod, die endlose Reihe von Gegensätzen. Nachdem wir dies alles festgestellt haben, ist unsere Frage: Warum gibt es diese Trennung, diese Kluft zwischen dem, was ist, und dem, was gewesen ist oder sein sollte? Fragen wir, warum der Mensch immer in diesem dualistischen Zustand gelebt hat, warum er das Leben in verschiedene Fragmente zerbrochen hat? Fragen wir, um die Ursache zu finden, oder versuchen wir, über Ursache und Wirkung hinauszugelangen? Ist dies ein analytischer Prozeß oder vielmehr ein Erkennen, das Verstehen eines Geisteszustands, in dem die Trennung nicht länger existiert? Um einen solchen Geisteszustand zu ergründen, müssen wir den Anfang des Denkens beobachten. Wir müssen uns des Gedankens bewußt sein, während er entsteht, und müssen uns auch dessen bewußt sein, woraus er hervorgeht. Das Denken entspringt der Vergangenheit. Die Vergangenheit ist Denken. Wenn wir sagen, wir müssen uns des Gedankens bewußt sein, während er entsteht, meinen wir, wir müssen uns der tatsächlichen Bedeutung des Denkens bewußt sein, nicht nur der Tatsache, daß das Denken stattfindet. Die Bedeutung des Denkens liegt in der Vergangenheit. Es gibt keinen Gedanken ohne seine Bedeutung. Ein Gedanke ist wie ein Faden in einem Gewebe. Die meisten von uns sind sich des ganzen Gewebes – das den ganzen Geist darstellt – nicht bewußt, und sie versuchen, die Bedeutung eines einzelnen Fadens – eines Gedankens – zu kontrollieren, zu formen oder zu verstehen. Worauf beruht das ganze Gewebe der Gedanken? Beruht es auf irgendeiner Substanz? Wenn ja, was ist diese Substanz? Beruht sie auf tieferen Gedanken oder auf überhaupt nichts? Und aus welchem Material besteht dieses Gewebe?

FRAGESTELLER: Sie stellen zu viele Fragen. Nichts von all dem ist mir je zuvor in den Sinn gekommen, deshalb muß ich ganz langsam vorgehen.

KRISHNAMURTI: Ist das Denken die Ursache aller Trennungen, aller Fragmentierung im Leben? Woraus besteht das Denken? Was ist die Substanz jener Fäden, die in den kunstvollen Stoff verwoben sind, den wir als Geist bezeichnen? Das Denken ist Materie, die wahrscheinlich meßbar ist.

63

Und es entspringt der angesammelten Erinnerung, die Materie ist und im Gehirn gespeichert wurde. Das Denken hat seinen Ursprung in der Vergangenheit, der nahen oder fernen. Kann man des Gedankens gewahr sein, wenn er aus der Vergangenheit emporsteigt – aus den Erinnerungen der Vergangenheit, den Handlungen der Vergangenheit? Und kann man etwas wahrnehmen, das sich jenseits der Vergangenheit, hinter der Mauer der Vergangenheit befindet? Das bedeutet nicht, noch weiter in der Zeit zurückzugehen, sondern in den Raum, der nicht von Zeit und Erinnerung berührt wird. Solange wir diesen nicht entdecken, kann der Geist sich nicht selbst sehen, es sei denn mittels des Denkens, das sich als Zeit manifestiert. Sie können das Denken nicht durch Denken erkennen, und Sie können die Zeit nicht in der Zeit erkennen. Was immer das Denken tut oder was immer es verneint, es bleibt innerhalb seiner eigenen meßbaren Grenzen.

Um alle die Fragen zu beantworten, die wir aufgeworfen haben, müssen wir noch eine weitere Frage stellen: Was ist der Denker? Ist der Denker getrennt vom Gedanken? Ist der Erfahrende verschieden von dem, was er erfährt? Ist der Beobachter verschieden von dem, was er beobachtet? Wenn der Beobachter sich von dem, was er beobachtet, unterscheidet, dann wird es immer Trennung und somit Konflikt geben. Um diese Kluft zu überwinden, müssen wir verstehen, was der Beobachter ist. Offensichtlich verursacht er diese Trennung. Sie, der Sie beobachten, verursachen diese Trennung, sei sie nun zwischen Ihnen und Ihrer Frau oder dem Baum oder irgend etwas anderem. Wer ist nun dieser Beobachter oder der Denker oder der Erfahrende? Der Beobachter ist das Wesen, das sich immer bewegt, immer handelt, das Dinge wahrnimmt und sich seiner eigenen Existenz bewußt ist. Diese Existenz, deren er sich bewußt ist, ist seine Beziehung zu Dingen, zu Menschen und zu Ideen. Dieser Beobachter ist der ganze Mechanismus des Denkens, er ist auch die Beobachtung selbst, er ist auch ein Nervensystem und eine Sinneswahrnehmung. Der Beobachter ist sein eigener Name, seine Konditionierung und die Beziehung zwischen dieser Konditionierung und dem Leben. Das alles ist der Beobachter. Er ist auch seine eigene Vorstellung von sich selbst – ein Bild, das wiederum aus der Konditionierung aufgebaut wurde, aus der Vergangenheit, aus der Tradition. Der Beobachter denkt und handelt. Sein Handeln orientiert sich immer an dem Bild, das er von sich selbst hat, und an seinem Bild von der Welt. In einer Beziehung bewirkt dieses Handeln des Beobachters die Trennung. Dieses Handeln ist die einzige Beziehung, die wir kennen. Dieses Handeln ist nicht getrennt von dem Beobachter, es *ist* der Beobachter. Es ist der Beobachter, der über die Beziehung seiner selbst zur Welt spricht, und er sieht nicht, daß seine Beziehung sein eigenes Handeln, also er selbst ist. Die Ursache all dieser Trennung ist also das Handeln des Beobachters. Der Beobachter selbst ist das Handeln, welches das Leben aufspaltet in den beobachteten Gegenstand und, davon getrennt, sich selbst. Hier liegt die grundlegende Ursache der Trennung und damit des Konflikts.

Die Trennung in unserem Leben ist die Struktur des Denkens, das aus dem Handeln des Beobachters besteht, der sich als von seinem Gedanken getrennt betrachtet. Er denkt von sich selbst als dem Denker, der sich von seinem Gedanken unterscheidet. Aber es kann keinen Gedanken ohne den Denker geben und keinen Denker ohne den Gedanken. Die beiden sind also wirklich eins. Er ist auch der Erfahrende, der sich von der Sache, die er erfährt, trennt. Der Beobachter, der Denker, der Erfahrende, sie unterscheiden sich nicht von dem Beobachteten, dem Gedachten, dem Erfahrenen. Dies ist keine verbale Schlußfolgerung. Wenn es eine Schlußfolgerung ist, dann ist es ein anderer Gedanke, der wiederum die Trennung zwischen der Schlußfolgerung und der Handlung ist, die auf die Schlußfolgerung folgen soll. Wenn der

Geist dies als Wirklichkeit erkennt, dann kann die Trennung nicht mehr existieren. Das ist der Kernpunkt dessen, was wir sagen. Aller Konflikt ist dieser Kampf zwischen dem Beobachter und dem Beobachteten. Das zu verstehen, ist etwas Außerordentliches. Erst jetzt können wir unsere Fragen beantworten; erst jetzt können wir hinter die Mauer von Zeit und Erinnerung gelangen, die aus Denken besteht, denn erst jetzt ist das Denken ans Ende gelangt. Erst jetzt kann das Denken keine Trennung mehr bewirken. Das Denken, das funktionieren kann, um zu kommunizieren, zu handeln, zu arbeiten, ist eine andere Art des Denkens, das keine Trennung in Beziehungen verursacht. Integrität ist ein Leben ohne das trennende Handeln des Beobachters.

FRAGESTELLER: Was ist dann, wo ist dann dieses Etwas, worauf das Gewebe des Denkens beruht?

KRISHNAMURTI: Es ist das, was nicht aus dem Handeln des Beobachters hervorgeht. Dies zu verwirklichen, ist große Liebe. Zu dieser Verwirklichung können Sie nur gelangen, wenn Sie verstehen, daß der Beobachter selbst das Beobachtete ist – und das ist Meditation.

VII

FRAGESTELLER: Ich bin im Konflikt wegen so vieler Dinge, nicht nur äußerlich, sondern auch innerlich. Mit den äußeren Konflikten werde ich irgendwie fertig, aber ich möchte wissen, wie ich den Konflikt, den Kampf, der sich fast unaufhörlich in meinem Innern abspielt, beenden kann. Ich möchte damit fertig werden, ich möchte irgendwie von dem ganzen Zwiespalt frei werden. Was soll ich tun? Manchmal habe ich das Gefühl, der Konflikt ist unvermeidlich. Ich sehe ihn in dem Kampf ums Überleben, der Große lebt von den Kleinen, der größere Intellekt beherrscht die kleineren, eine Glaubensrichtung unterdrückt, verdrängt eine andere, eine Nation regiert die andere, und so geht es endlos weiter. Ich sehe das und akzeptiere es, aber irgendwie scheint es mir nicht richtig zu sein; es scheint keine Liebe darin zu sein, und ich habe das Gefühl, wenn ich diesen Kampf in mir selbst beenden könnte, dann könnte daraus Liebe entstehen. Aber ich bin so unsicher, so verwirrt wegen der ganzen Sache. Alle großen Lehrer haben behauptet, man müsse kämpfen, der Weg zur Wahrheit, zu Gott erfordere Disziplin, Kontrolle und Opfer. In einer oder anderer Form wird dieser Kampf glorifiziert. Und jetzt sagen Sie, daß Konflikt die eigentliche Wurzel der Unordnung sei. Woher soll ich wissen, was die Wahrheit in Bezug auf Konflikt ist?

KRISHNAMURTI: Konflikt in jeglicher Form beschädigt den Geist. Das ist eine Tatsache, nicht eine gedankenlos vorgebrachte Meinung oder Wertung. Jeder Konflikt zwischen zwei Menschen verhindert die Verständigung zwischen ihnen. Konflikt verhindert die Wahrnehmung. Das einzig Wichtige ist zu verstehen, was ist, nicht die Formulierung dessen, was sein sollte. Diese Trennung zwischen dem, was ist, und dem, was sein sollte, ist der Ursprung des Konflikts. Auch der Abstand zwischen Idee und Handeln führt zu Konflikt. Die Tatsache und das Ideal sind zwei verschiedene Dinge: Die Jagd nach dem Ideal führt zu jeglicher Form von Konflikt, Illusion und Heuchelei, während das Verstehen dessen, was ist, des einzigen, was wir wirklich haben, zu einem ganz anderen Geisteszustand führt.

Widerstreitende Kräfte führen Konflikt herbei; ein Wille, der sich einer anderen Form des Verlangens widersetzt, bedeutet Konflikt. Die Erinnerung an Gewesenes im Gegensatz zu dem, was ist, bedeutet Konflikt; und dieser ist an Zeit gebunden. Werden, erreichen, ist Konflikt, und auch dieser ist zeitgebunden. Nachahmung, Gleichschaltung, Gehorsam, ein Gelübde ablegen, bereuen, unterdrücken – all das führt mehr oder weniger zu Konflikt. Die ganze Struktur des Gehirns, die nach Sicherheit, Geborgenheit verlangt, die Gefahr wittert, ist die Quelle des Konflikts. Es gibt nicht so etwas wie Sicherheit oder Dauerhaftigkeit. Unser ganzes Sein, unsere Beziehungen, Aktivitäten, Gedanken, unsere Lebensweise erzeugen Kampf, Konflikt, Streit. Und jetzt fragen Sie mich, wie man das alles beenden kann. Der Heilige, der Mönch oder der Sannyasin versuchen, sich dem Konflikt zu entziehen, aber sie leben dennoch im Konflikt. Wie wir wissen, sind alle Beziehungen Konflikt – Konflikt zwischen dem Ideal und der Wirklichkeit. Es gibt keine Beziehung zwischen zwei Menschen, nicht einmal zwischen den zwei Bildern, die sie sich voneinander gemacht haben. Jeder lebt in seiner eigenen Isolation, und die Beziehung erlaubt nur einen Blick über die Trennwand. Wohin man auch schaut, oberflächlich oder ganz in die Tiefe, sieht man diese Agonie von Kampf und Schmerz. Der ganze Bereich des Geistes – mit seinen Hoffnungen, seiner Sehnsucht nach Wandlung, in seinem Hinnehmen dessen, was ist, und seinem Wunsch, darüber hinauszugelangen –, all das ist seiner Natur nach Konflikt. Also lebt der Geist selbst im Konflikt. Denken bedeutet Konflikt, und wenn das Denken sagt: „Ich will nicht denken", dann ist das auch Konflikt. Alle Aktivität des Geistes und der Gefühle, die auch ein Bestandteil des Geistes sind, ist Konflikt. Wenn Sie fragen, wie Sie den Konflikt beenden können, dann fragen Sie eigentlich, wie Sie aufhören können zu denken, wie Ihr Geist betäubt werden kann, um still zu sein.

FRAGESTELLER: Aber ich will keinen betäubten, dummen Geist. Ich will, daß er höchst aktiv, energisch und leidenschaftlich ist. Muß der Geist denn entweder betäubt sein oder in Konflikt leben?

KRISHNAMURTI: Sie wollen aktiv, energisch, leidenschaftlich sein, und doch wollen Sie den Konflikt beenden?

FRAGESTELLER: Genau, denn wenn ein Konflikt herrscht, ist er weder aktiv noch leidenschaftlich. Wenn ein Konflikt da ist, dann ist das, als sei der Geist von seiner eigenen Aktivität verwundet worden, und er verliert seine Sensibilität.

KRISHNAMURTI: Jetzt wird klar, daß Konflikt die Leidenschaft, Energie und Sensibilität zerstört.

FRAGESTELLER: Sie brauchen mich nicht davon zu überzeugen, ich weiß es, aber es bringt mich nicht weiter.

KRISHNAMURTI: Was meinen Sie mit Wissen?

FRAGESTELLER: Ich meine, daß offensichtlich wahr ist, was Sie sagen. Aber es bringt einen nicht weiter.

KRISHNAMURTI: Sehen Sie das als Wahrheit, oder sehen Sie nur die verbale Struktur – sehen Sie die Tatsache oder die Erklärung? Wir müssen uns darüber ganz im klaren sein, denn die Erklärung ist nicht die Tatsache, die Beschreibung ist nicht das Beschriebene; und wenn Sie sagen „Ich weiß", dann verstehen Sie vielleicht nur die Beschreibung.

FRAGESTELLER: Nein.

KRISHNAMURTI: Bitte seien Sie nicht so schnell und ungeduldig. Wenn die Beschreibung nicht das Beschriebene ist, dann ist nur das Beschriebene da. Das Beschriebene ist die Tatsache, *diese* Tatsache: Leidenschaft, Sensibilität und Energie sind verloren, wenn ein Konflikt besteht, und Konflikt ist alles Denken und Fühlen, ist alles, was den Geist ausmacht. Der Geist besteht aus Mögen und Nicht-Mögen, Urteil, Vorurteil, Verdammen, Rechtfertigen und so weiter. Und eine sehr wichtige Aktivität des Geistes ist die Beschreibung, in der er stecken bleibt. Der Geist sieht seine eigene Beschreibung und bleibt in ihr stecken und denkt, er sieht die Tatsache, während er sich in Wirklichkeit in seiner eigenen Bewegung verfangen hat. Wo stehen wir also jetzt, wenn nur da ist, was ist, und nicht die Beschreibung?

FRAGESTELLER: Sie haben gesagt, da ist ein Konflikt, aus dem alles Handeln des Geistes besteht, und dieser Konflikt zerstört die Sensibilität, die Energie und die Leidenschaft des Geistes. Durch Konflikt betäubt sich der Geist, weil er gegen sich selbst arbeitet.

KRISHNAMURTI: Und nun wird Ihre Frage sein: Wie kann der Geist aufhören, gegen sich selbst zu arbeiten?

FRAGESTELLER: Ja.

KRISHNAMURTI: Ist diese Frage eine weitere Verurteilung, Rechtfertigung, Flucht, eine weitere dieser störenden Aktivitäten des Geistes, die dazu führt, daß er gegen sich selbst arbeitet? Wenn ja, dann bedeutet das mehr Konflikt, und Sie bleiben für immer in diesem Teufelskreis. Die richtige Frage ist also nicht, wie man den Konflikt beendet, sondern wie man die Wahrheit sieht, daß dort, wo Leidenschaft und Sensibilität sind, kein Konflikt besteht. Verstehen Sie das?

FRAGESTELLER: Ja.

KRISHNAMURTI: Dann brauchen Sie sich also nicht mehr um das Beenden des Konflikts zu kümmern, er wird verschwinden. Aber er wird nicht verschwinden, solange das Denken ihn nährt. Wichtig sind nur Leidenschaft und Sensibilität, nicht das Beenden des Konflikts.

FRAGESTELLER: Das verstehe ich, aber das bedeutet nicht, daß ich die Leidenschaft habe; es bedeutet nicht, daß ich den Konflikt beendet habe.

KRISHNAMURTI: Wenn Sie das wirklich sehen, dann ist allein der Akt des Sehens bereits Leidenschaft, Sensibilität, Energie. Und in diesem Sehen ist kein Konflikt.

VIII

FRAGESTELLER: Ich habe die Welt und mein Leben als Schriftsteller verlassen, weil ich ein spirituelles Leben führen wollte. Ich habe alle meine Ambitionen, meinen Hunger nach Ruhm aufgegeben, obwohl ich das nötige Talent hatte, und ich bin zu Ihnen gekommen in der Hoffnung, das Höchste zu finden, zu erkennen. Ich habe jetzt fünf Jahre unter diesem großen Banyanbaum verbracht, und plötzlich stelle ich fest, daß ich abgestumpft, ausgelaugt, innerlich einsam und ziemlich unglücklich bin. Morgens wache ich auf und stelle fest, daß ich überhaupt nichts erkannt habe, daß es mir vielleicht vor einigen Jahren besser ging, als ich noch die starke religiöse Inbrunst hatte. Jetzt ist keine Inbrunst mehr da, und nachdem ich die Dinge der Welt geopfert habe, um Gott zu finden, habe ich auch diese nicht mehr. Ich fühle mich ausgelaugt und leer. Was ist schuld daran – die Lehre, Sie selbst, Ihre Umgebung – oder ist es, daß ich für diese Dinge keine Begabung habe, daß ich den Riß in der Mauer nicht gefunden habe, der die Sicht auf den Himmel freigibt? Oder liegt es einfach daran, daß diese ganze Suche von Anfang bis Ende eine Vorspiegelung ist und daß es besser gewesen wäre, wenn ich nie an Religion gedacht hätte, sondern bei den handfesten täglichen Erfüllungen meines früheren Lebens geblieben wäre? Was stimmt nicht, und was soll ich jetzt tun? Soll ich das alles aufgeben? Und wenn ja, für was?

KRISHNAMURTI: Glauben Sie, daß das Leben unter diesem Banyanbaum oder irgendeinem anderen Baum Sie zerstört und am Verstehen und Sehen hindert? Ist es diese Umgebung, die Sie zerstört? Wenn Sie diese Welt verlassen und wieder aufnehmen, was Sie früher getan haben – die Welt der Literatur und alle die normalen Lebensumstände –, würden Sie dort nicht auch zerstört und von den Dingen dieses Lebens abgestumpft und ausgelaugt werden? Sie sehen, daß dieser Zerstörungsprozeß überall in Menschen stattfindet, die dem Erfolg nachjagen, ganz gleich was und aus welchem Grunde sie es tun. Sie sehen es bei dem Arzt, dem Politiker, dem Wissenschaftler, dem Künstler. Kann irgend jemand irgendwo jemals dieser Zerstörung entgehen?

FRAGESTELLER: Ja, ich sehe, daß alle Menschen ausgelaugt sind. Sie mögen Ruhm und Geld haben, aber wenn sie sich selbst objektiv betrachten, dann müssen sie zugeben, daß sie eigentlich nicht mehr als eine protzige Fassade von Handlungen, Worten, Rezepten, Begriffen, Attitüden, Plattitüden, Hoffnungen und Ängsten sind. Darunter sind Leere und Verwirrung, Altern und die Bitterkeit des Versagens.

KRISHNAMURTI: Sehen Sie auch, daß religiöse Menschen, die angeblich die Welt verlassen haben, immer noch dazugehören, weil ihr Verhalten beherrscht ist von den gleichen Ambitionen, dem gleichen Trieb, sich zu verwirklichen, zu werden, zu erreichen, etwas an sich zu reißen und festzuhalten? Die Objekte dieses Triebs nennt man spirituell, und sie scheinen sich von den Objekten der weltlichen Begierde zu unterscheiden, aber sie sind überhaupt nicht verschieden davon, weil der Trieb genau die gleiche Bewegung ist. Diese religiösen Menschen sind ebenso von Formeln, Idealen Einbildungen, Hoffnungen und vagen Gewißheiten gefangen, die nur Glaubenssache sind – und auch sie werden alt, häßlich und hohl. Die Welt A, die sie verlassen haben, ist genau die gleiche wie die Welt B des sogenannten spirituellen Lebens. A ist B und B ist A. In dieser sogenannten spirituellen Welt werden Sie zerstört, genauso wie Sie in der anderen, normalen Welt zerstört wurden.

Glauben Sie, daß dieses Sterben, diese Zerstörung, aus Ihrer Umgebung kommt oder aus Ihnen selbst? Kommt sie von einem anderen, oder kommt sie von Ihnen selbst? Ist sie etwas, das Ihnen angetan wird, oder etwas, das sie tun?

FRAGESTELLER: Ich dachte, daß dieses Sterben, diese Zerstörung, das Ergebnis meiner Umwelt war, aber jetzt, nachdem Sie aufgezeigt haben, daß es in jeder Umgebung stattfindet, überall, und sogar weitergeht, wenn Sie die Umgebung von A nach B wechseln oder wieder zurück, von B nach A, beginne ich zu sehen, daß diese Zerstörung nicht das Ergebnis der Außenwelt ist. Dieses Sterben ist Selbstzerstörung. Es ist etwas, das ich mir selbst antue. Ich bin es, der es tut, ich, der verantwortlich ist, und es hat nichts mit anderen Menschen oder der Umgebung zu tun.

KRISHNAMURTI: Das ist der wichtigste Punkt, den man erkennen muß. Diese Zerstörung kommt aus Ihnen selbst und von niemandem und nichts sonst, nicht aus Ihrer Umwelt, nicht von Menschen, nicht von Ereignissen oder Umständen. Sie sind verantwortlich für Ihre eigene Zerstörung und Ihre Leiden, Ihre eigene Einsamkeit, Ihre eigenen Stimmungen, Ihre eigene innere Leere. Wenn Sie das erkennen, dann werden Sie entweder bitter und gefühllos allem gegenüber und tun so, als sei alles in Ordnung; oder Sie werden neurotisch und schwanken zwischen A und B und denken, es gebe einen Unterschied zwischen ihnen, oder Sie greifen zu Alkohol und Drogen, wie es so viele Leute getan haben.

FRAGESTELLER: Ich verstehe das jetzt.

KRISHNAMURTI: In diesem Falle werden Sie alle Hoffnung aufgeben, eine Lösung zu finden, indem Sie einfach die äußeren Lebensumstände verändern, einfach von B wieder zu A überwechseln, denn Sie werden wissen, daß A und B das gleiche sind; in beiden ist der Wunsch, etwas zu erreichen, zu erlangen, zu gewinnen, das höchste Vergnügen, sei es in der sogenannten Erleuchtung, Gott, Wahrheit, Liebe, einem fetten Bankkonto oder jeder anderen Form von Sicherheit.

FRAGESTELLER: Das sehe ich, aber was soll ich tun? Ich sterbe immer noch, zerstöre mich immer noch, ich fühle mich immer noch ausgelaugt, leer, nutzlos. Ich habe alles verloren, was ich hatte, und habe nichts dafür gewonnen.

KRISHNAMURTI: Dann haben Sie nicht verstanden. Wenn Sie das fühlen und sagen, dann wandern Sie noch immer auf derselben Straße, von der wir gesprochen haben – der Straße der Selbsterfüllung in entweder A oder B. Diese Straße ist selbstmörderisch, diese Straße führt zum Tode. Ihr Gefühl, daß Sie alles verloren und nichts dafür gewonnen haben, *ist* das Wandern auf dieser Straße; diese Straße *ist* die Zerstörung; diese Straße selbst ist ihr eigener Bestimmungsort, und dieser heißt Selbstzerstörung, Enttäuschung, Einsamkeit und Unreife. Die Frage ist also, haben Sie wirklich dieser Straße den Rücken zugewandt?

FRAGESTELLER: Woher soll ich wissen, ob ich ihr den Rücken zugewandt habe oder nicht?

KRISHNAMURTI: Das wissen Sie nicht, aber wenn Sie sehen, welche Straße das wirklich ist, nicht nur ihr Ende, sondern auch ihren Anfang, der dasselbe ist wie ihr Ende, dann ist es Ihnen unmöglich, auf ihr zu gehen. Vielleicht verirren Sie sich in einem Moment der Unaufmerksamkeit auf diese Straße, obwohl Sie wissen, wie gefährlich sie ist, und dann sind Sie überrascht, wenn Sie sich plötzlich auf ihr befinden – aber die Straße zu sehen, in ihrer ganzen Trostlosigkeit, ist bereits das Ende dieser Straße, und mehr braucht man nicht zu tun. Sagen Sie nicht: „Das verstehe ich nicht, ich muß darüber nachdenken, ich muß daran arbeiten, ich muß Gewahrsein üben, ich muß herausfinden, was es bedeutet, aufmerksam zu sein, ich muß meditieren und mich da hinein vertiefen", sondern sehen Sie, daß jeder Augenblick der Erfüllung, des Erreichens oder der Abhängigkeit im Leben diese Straße ist. Wenn Sie Gefahr sehen, dann machen Sie kein großes Theater und versuchen zu entscheiden, was Sie dagegen tun können. Wenn Sie im Angesicht der Gefahr sagen: „Ich muß darüber meditieren, mir ihrer bewußt werden, mich in sie vertiefen, muß sie verstehen", dann sind Sie verloren, dann ist es zu spät. Was Sie tun müssen, ist einfach die Straße sehen, was sie ist, wohin sie führt und welches Gefühl Sie dabei haben – und schon werden Sie in eine andere Richtung gehen.

Das meinen wir, wenn wir von Gewahrsein sprechen. Wir meinen, sich der Straße in ihrer ganzen Bedeutung bewußt zu sein, sich der tausend verschiedenen Bewegungen des Lebens bewußt zu sein, die sich auf derselben Straße abspielen. Wenn Sie versuchen, die „andere Straße" zu sehen und auf ihr zu gehen, dann sind sie immer noch auf derselben alten Straße.

FRAGESTELLER: Wie kann ich sicher sein, daß ich sehe, was ich tun soll?

KRISHNAMURTI: Sie können nicht sehen, was Sie tun sollen, Sie können nur sehen, was sie nicht tun dürfen. Die totale Verneinung jener Straße ist der neue Anfang, ist die andere Straße. Die andere Straße ist nicht auf der Landkarte, man kann sie auch niemals auf irgendeiner Karte einzeichnen. Jede Karte ist eine Karte der falschen Straße, der alten Straße.

MEDITATIONEN 1969

I

IN DEM RAUM, den das Denken um sich herum schafft, gibt es keine Liebe. Dieser Raum trennt den Menschen vom Menschen, und in ihm ist alles Werden, der ganze Lebenskampf, ist alle Agonie und Angst enthalten. Meditation ist das Enden dieses Raums, das Enden des Ich. Dann haben Beziehungen eine ganz andere Bedeutung, denn in diesem Raum, der nicht vom Denken ersonnen wurde, existiert das andere nicht, denn du existierst nicht. Dann ist Meditation nicht die Jagd nach einer Vision, wie geheiligt durch Tradition sie auch sein mag. Vielmehr ist sie der endlose Raum, in den das Denken nicht eindringen kann. Für uns ist der kleine Raum, den das Denken, also das Ich, um sich herum geschaffen hat, äußerst wichtig. Denn er ist alles, was der Geist kennt, der sich mit allem identifiziert, was sich in diesem Raum befindet. Und die Angst, nicht zu sein, wurde in diesem Raum geboren. Doch in der Meditation, wenn sie richtig verstanden wird, kann der Geist in eine Dimension des Raumes eindringen, in der das Handeln ein Nichthandeln ist. Wir wissen nicht, was Liebe ist, denn in dem Raum, den das Denken, das Ich, um sich herum geschaffen hat, ist Liebe der Konflikt zwischen dem Ich und dem Nicht-Ich. Dieser Konflikt, diese Folter, ist nicht Liebe. Das Denken ist die Verleugnung der Liebe, und es kann nicht in den Raum eindringen, in dem das Ich nicht existiert. In diesem Raum ist der Segen, den der Mensch sucht und nicht finden kann. Er sucht ihn innerhalb der Grenzen des Denkens, und das Denken zerstört die Ekstase dieses Segens.

II

DIE WAHRNEHMUNG ohne das Wort, das heißt ohne Gedanken, ist eines der seltsamsten Phänomene. Dann ist die Wahrnehmung viel akuter, nicht nur mit dem Gehirn, sondern mit allen Sinnen. Eine solche Wahrnehmung ist nicht die fragmentierte Wahrnehmung des Intellekts und auch keine Angelegenheit der Gefühle. Man kann sie als totale Wahrnehmung bezeichnen, und sie ist Teil der Meditation. Diese Wahrnehmung ohne den Wahrnehmenden, die in der Meditation geschieht, ist die Berührung mit der Höhe und Tiefe des Unermeßlichen. Diese Wahrnehmung ist gänzlich verschieden vom Sehen eines Objekts ohne den Beobachter, denn in der Wahrnehmung der Meditation gibt es kein Objekt und somit auch keine Erfahrung. Denn Meditation kann auch stattfinden, wenn die Augen offen sind und man von Objekten aller Art umgeben ist. Aber dann haben diese Objekte keinerlei Bedeutung. Man sieht sie, aber ohne den Prozeß des Erkennens, das heißt, es gibt keine Erfahrung.

Welche Bedeutung hat eine solche Meditation? Sie hat keine Bedeutung, sie hat keinen Nutzen. Aber in dieser Meditation ist eine Ekstase, die nicht mit Vergnügen verwechselt werden darf. Diese Ekstase ist es, die dem Auge, dem Gehirn und dem Herzen die Qualität der Unschuld verleiht. Ohne das Leben als etwas vollkommen Neues zu sehen, ist es eine Routine, etwas Langweiliges, eine sinnlose Angelegenheit. Meditation ist also von größter Wichtigkeit. Sie öffnet die Tür zum Unberechenbaren, zum Unermeßlichen.

III

Wenn du den Kopf von Horizont zu Horizont wendest, dann sehen deine Augen einen unermeßlich weiten Raum, in dem alle Dinge der Erde und des Himmels erscheinen. Doch dieser Raum ist immer dort begrenzt, wo die Erde den Himmel berührt. Der Raum des Geistes ist so klein! In diesem kleinen Raum finden alle unsere Aktivitäten statt: das tägliche Leben und die verborgenen Kämpfe der widerstreitenden Wünsche und Motive. In diesem kleinen Raum sucht der Geist Freiheit, und dabei bleibt er immer ein Gefangener seiner selbst. Meditation ist das Enden dieses kleinen Raums. Und unser Handeln bringt Ordnung in diesen kleinen Raum des Geistes. Aber es gibt noch ein anderes Handeln, das keine Ordnung in diesen kleinen Raum bringt. Meditation ist ein Handeln, das eintritt, wenn der Geist seinen kleinen Raum verloren hat. Dieser unendliche Raum, den der Geist, das Ich, nicht erreichen kann, ist Stille. Der Geist kann nie in sich selbst still sein; er ist nur still in dem unermeßlichen Raum, den das Denken nicht berühren kann. Aus dieser Stille kommt ein Handeln, das nicht aus dem Denken hervorgeht. Diese Stille ist Meditation.

IV

MEDITATION ist etwas Unfaßbares, und wenn du nicht weißt, was sie ist, bist du wie der Blinde in einer Welt von leuchtenden Farben, Schatten und wechselndem Licht. Sie ist keine Angelegenheit des Intellekts, doch wenn das Herz in den Geist eindringt, dann hat der Geist eine ganz andere Qualität: Dann ist er wirklich grenzenlos, nicht nur in seiner gut funktionierenden Fähigkeit des Denkens und Handelns, sondern auch in seinem Gefühl, in einem ungeheuren Raum zu leben, in dem du ein Teil von allem bist. Meditation ist die Bewegung der Liebe. Sie ist nicht die Liebe des Einen zu den Vielen. Sie ist wie Wasser, das jeder aus einem beliebigen Krug, einem goldenen oder irdenen, trinken kann: Liebe ist unerschöpflich. Und etwas Merkwürdiges findet statt, das keine Droge oder Selbsthypnose bewirken kann: Es ist, als ob der Geist in sich selbst versinkt, an der Oberfläche beginnt und tiefer und tiefer eindringt, bis Tiefe und Höhe ihre Bedeutung verloren haben und jede Form des Messens aufhört. In diesem Zustand ist vollkommener Friede – nicht Zufriedenheit, die durch Genuß entsteht, sondern ein Friede, der von Ordnung, Schönheit und Intensität erfüllt ist. All dies kann zerstört werden, so wie du eine Blume zerstören kannst, die doch gerade in ihrer Verletzlichkeit unzerstörbar ist. Diese Meditation kannst du nicht von einem anderen lernen. Du mußt anfangen, ohne irgend etwas über sie zu wissen, und immer in dieser Unschuld verbleiben.

Der Boden, in dem der meditative Geist sich entfalten kann, ist der Boden des täglichen Lebens, der Zwietracht, des Schmerzes und der flüchtigen Freuden. Dort muß der Geist beginnen und Ordnung schaffen, und von dort aus muß er endlos weitergehen. Wenn dir aber nur daran gelegen ist, Ordnung zu schaffen, dann wird diese Ordnung ihre eigene Begrenztheit mit sich bringen, und der Geist wird ihr Gefangener sein. Mit dieser ganzen Bewegung mußt du sozusagen vom anderen Ende, vom anderen Ufer aus beginnen und nicht ständig nur mit *diesem* Ufer beschäftigt sein oder fragen, wie du den Fluß überqueren kannst. Du mußt ins Wasser springen, ohne schwimmen zu können. Und die Schönheit der Meditation ist, daß du nie weißt, wo du bist, wohin du gehst, was das Ziel ist.

V

B RINGT DIE MEDITATION eine neue Erfahrung? Das Verlangen nach Erfahrung, einer höheren Erfahrung, die sich jenseits des Alltäglichen und Gewöhnlichen abspielt, ist vergeblich, die Quelle bleibt trocken. Der Hunger nach mehr Erfahrung, nach Visionen, nach höherer Wahrnehmung, nach dieser oder jener Verwirklichung bewirkt, daß der Geist nach außen blickt, und damit bleibt er in seiner Abhängigkeit von der Umgebung und von Menschen. Das Besondere an der Meditation ist, daß ein Geschehen nicht zu einer Erfahrung gemacht wird. Es ist da, wie ein neuer Stern am Himmel, ohne daß die Erinnerung von ihm Besitz ergreift und es festhält, ohne den gewohnheitsmäßigen Prozeß von Erkennen und Resonanz im Sinne von Mögen und Nicht-Mögen. Unsere Suche führt immer nach außen; der Geist, der Erfahrung sucht, sucht sie außerhalb. Nach innen zu gehen ist überhaupt keine Suche; es ist ein Wahrnehmen. Die Resonanz ist immer die gleiche, denn sie kommt immer aus derselben Vorratskammer der Erinnerung.

VI

NACH DEM REGEN waren die Hügel herrlich. Sie waren noch braun von der Sommersonne, und jetzt würde alles Grün herauskommen. Es hatte ziemlich heftig geregnet, und die Schönheit dieser Hügel war unbeschreiblich. Der Himmel war noch bewölkt, und in der Luft lag der Duft von Sumach, Salbei und Eukalyptus. Es war herrlich, dort zu sein, und eine seltsame Stille hielt dich umfangen. Anders als das Meer, das weit unter dir lag, waren diese Hügel vollkommen still. Als du umherblicktest und alles in dich aufnahmst, da hattest du alles andere dort unten in dem kleinen Haus zurückgelassen – deine Kleider, deine Gedanken und deine besonderen Lebensgewohnheiten. Hier wandertest du mit leichtem Gepäck, ohne irgendwelche Gedanken, ohne jegliche Bürde und mit einem Gefühl vollkommener Leere und Schönheit. Die kleinen grünen Büsche würden bald noch grüner sein, und in ein paar Wochen würden sie noch stärker duften. Die Wachteln riefen, und ein paar von ihnen flogen vorüber. Der Geist war, ohne es zu wissen, in einem Zustand der Meditation, in dem die Liebe aufblühte. Denn nur auf dem Boden der Meditation kann diese Blume blühen. Es war wirklich ganz wunderbar, und seltsamerweise folgte es dir die ganze Nacht hindurch, und als du aufwachtest, lange vor Sonnenaufgang, war es noch immer in deinem Herzen mit seiner unglaublichen Freude, ohne den geringsten Grund. Es war da, ursachlos, und es war ganz berauschend. Es würde noch den ganzen Tag da sein, ohne daß du es gebeten oder eingeladen hättest, bei dir zu bleiben.

VII

WÄHREND DER NACHT und des Tages hatte es heftig geregnet, und durch die Abflußrinnen ergoß sich die schlammige Flut hinunter ins Meer und färbte es schokoladenbraun. Als du am Strand entlanggingst, waren die Wellen riesig, und sie brachen sich in großen Bögen von ungeheurer Wucht. Du gingst gegen den Wind, und plötzlich spürtest du, daß nichts zwischen dir und dem Himmel war, und diese Offenheit war unbeschreiblich. So völlig offen, verwundbar zu sein – gegenüber den Bergen, der See und den Menschen –, ist das eigentliche Wesen der Meditation. Keinen Widerstand zu leisten, keine inneren Sperren gegen irgend etwas zu haben, wirklich vollkommen frei zu sein von all den kleinen Begierden, Zwängen und Forderungen, mit all ihren kleinen Konflikten und Heucheleien, das heißt, dem Leben mit offenen Armen zu begegnen. An diesem Abend, als du dort durch den nassen Sand gingst, von den Möwen umflattert, da überkam dich das außerordentliche Gefühl von Offenheit und Freiheit und der großen Schönheit der Liebe, die weder in dir noch außerhalb von dir war – sie war überall.

Wir verstehen nicht, wie wichtig es ist, frei von den aufreizenden Vergnügungen mit ihren Schmerzen zu sein, so daß der Geist allein bleibt. Nur der Geist, der vollkommen allein ist, ist offen. Das alles spürtest du plötzlich, wie einen starken Wind, der über das Land und durch dich hindurchfegte. Da warst du – entblößt von allem, leer –, und daher unendlich offen. Die Schönheit lag nicht im Wort oder im Gefühl, sie schien überall zu sein – um dich her, in dir, über dem Wasser und auf den Hügeln. Das ist Meditation.

VIII

ES WAR einer jener zauberhaften Morgen, wie sie nie zuvor dagewesen sind. Die Sonne ging gerade auf, und du sahst sie zwischen dem Eukalyptus und der Pinie. Sie stand über dem Wasser, golden, glänzend – mit einem Licht, das es nur zwischen den Bergen und dem Meer gibt. Es war ein so klarer Morgen, atemlos, erfüllt von dem seltsamen Licht, das man nicht nur mit den Augen, sondern auch mit dem Herzen sieht. Und wenn du es siehst, ist der Himmel der Erde sehr nahe, und du bist versunken in diese Schönheit. Du solltest nie in der Öffentlichkeit oder mit jemand anderem meditieren, auch nicht in einer Gruppe. Du solltest nur in der Einsamkeit meditieren, in der Stille der Nacht oder in der stillen Morgenfrühe. Wenn du in der Einsamkeit meditierst, dann muß es auch Einsamkeit sein. Du mußt ganz allein sein, keinem System folgen, keine Worte wiederholen, keinem Gedanken nachjagen oder ihn nach deinen Wünschen formen. Diese Einsamkeit kommt, wenn der Geist vom Denken befreit ist. Wenn Wünsche hinzukommen oder Gedanken an die Zukunft oder Vergangenheit, welchen der Geist nachhängt, dann ist es keine Einsamkeit. Nur in der Unermeßlichkeit der Gegenwart kommt dieses Alleinsein. Und dann, in der stillen Verborgenheit, in der alle Kommunikation zu Ende gegangen ist, in der kein Beobachter mehr ist, mit seinen Sorgen, seinen törichten Begierden und Problemen – nur dann, in dieser stillen Einsamkeit, wird die Meditation zu etwas, das man nicht in Worte fassen kann. Dann ist die Meditation eine ewige Bewegung. Ich weiß nicht, ob du jemals meditiert hast, ob du jemals ganz allein gewesen bist, weit fort von allem, von jeder Person, von jedem Gedanken und jeder Beschäftigung, ob du jemals vollkommen allein gewesen bist, nicht isoliert, nicht versunken in irgendeinen phantastischen Traum oder eine Vision, sondern weit fort, so daß in dir selbst nichts Erkennbares ist, nichts, was du mit Gedanken und Gefühlen berührst, so weit fort, daß in dieser erfüllten Einsamkeit die einzige Blume, das einzige Licht diese Stille ist. Sie ist die Zeitlosigkeit, die das Denken nicht ermessen kann. Nur in einer solchen Meditation erwacht die Liebe zum Leben. Versuche nicht, sie auszudrücken: Sie wird sich selbst ausdrücken. Benutze sie nicht. Versuche nicht, sie ins Handeln zu übernehmen: Sie wird handeln, und wenn sie handelt, dann ist in diesem Handeln keine Reue, kein Widerspruch, nichts von dem Elend und der Mühsal der Menschheit.

Meditiere allein. Selbstvergessen. Und versuche nicht, dich zu erinnern, wo du gewesen bist. Wenn du versuchst, dich daran zu erinnern, dann wird es etwas Totes sein. Und wenn du die Erinnerung daran festhalten willst, dann wirst du nie wieder allein sein. Deshalb meditiere in dieser endlosen Einsamkeit, in der Schönheit dieser Liebe, in dieser Unschuld, in dem Neuen – dann liegt darin eine Seligkeit, die unvergänglich ist.

Der Himmel ist sehr blau, es ist das Blau, das nach dem Regen kommt, und dieser Regen war nach vielen Monaten der Dürre gekommen. Nach dem Regen ist der Himmel reingewaschen, und die Hügel freuen sich, und die Erde ist still. Und jedes Blatt ist vom Licht der Sonne durchflutet, und du fühlst dich der Erde sehr nahe. So meditiere in den geheimsten Nischen deines Herzens und Geistes, wo du nie zuvor gewesen bist.

IX

AN DIESEM MORGEN war das Meer wie ein See oder ein riesiger Fluß – ohne die kleinste Welle und so ruhig, daß du an diesem frühen Morgen sehen konntest, wie die Sterne sich im Wasser spiegelten. Noch tagte es nicht, und die Sterne und die Spiegelung des Kliffs und die fernen Lichter der Stadt lagen auf dem Wasser. Und als die Sonne am Horizont in einen klaren Himmel aufstieg, bahnte sie sich einen goldenen Pfad, und es war unbeschreiblich, wie das Licht von Kalifornien die Erde und jedes Blatt, jeden Grashalm füllte. Während du das in dich aufnahmst, breitete sich eine große Stille in dir aus. Das Gehirn selbst wurde sehr still, ohne jegliche Reaktion, ohne eine Bewegung, und es war seltsam, diese ungeheure Stille zu fühlen. „Fühlen" ist nicht das richtige Wort. Die Qualität dieses Schweigens, dieser Stille, wird nicht vom Gehirn verspürt; sie ist außerhalb des Gehirns. Das Gehirn kann verstehen, formulieren oder einen Plan für die Zukunft machen, aber diese Stille ist außerhalb seiner Reichweite, jenseits aller Vorstellungskraft, jenseits allen Verlangens. Du bist so still, daß dein Körper ganz zu einem Teil der Erde wird, Teil von allem, was still ist.

Und als die leichte Brise von den Hügeln herüberwehte und die Blätter bewegte, wurde diese Stille, diese unfaßbare Qualität des Schweigens nicht gestört. Das Haus lag zwischen den Hügeln und dem Meer, mit Aussicht auf das Meer. Als du das Meer betrachtetest, so ganz still, wurdest du wirklich ein Teil von allem. Du warst alles. Du warst das Licht und die Schönheit der Liebe. Aber auch hier ist es falsch zu sagen „Du warst ein Teil von allem": Das Wort „du" ist nicht angemessen, weil du gar nicht da warst. Du existiertest nicht. Da war nur diese Stille, die Schönheit, das außerordentliche Gefühl der Liebe. Die Worte „du" und „ich" trennen die Dinge. Diese Trennung existiert nicht in dieser Stille. Und als du aus dem Fenster blicktest, schienen Raum und Zeit zu Ende gegangen zu sein, und der Raum, der trennt, hatte keine Realität. Dieses Blatt und jener Eukalyptus und das blaue, schimmernde Wasser waren nicht verschieden von dir.

Meditation ist wirklich ganz einfach. Wir machen sie nur kompliziert. Wir spinnen ein Netz von Ideen um sie herum – was sie ist und was sie nicht ist. Aber sie ist nichts von all dem. Weil sie so sehr einfach ist, entzieht sie sich uns, weil unser Geist so kompliziert ist, so verbraucht und zeitverhaftet. Und dieser Geist diktiert die Aktivität des Herzens, und damit beginnt das Problem. Meditation aber kommt ganz natürlich, mit außerordentlicher Leichtigkeit, wenn du auf dem Sand gehst oder aus deinem Fenster blickst oder diese wunderbaren Hügel siehst, die von der Sonne des letzten Sommers verbrannt sind. Warum sind wir so verquälte Menschenwesen, mit Tränen in den Augen und einem falschen Lächeln auf den Lippen? Wenn du allein über diese Hügel oder im Wald oder über den langen weißen gebleichten Sandstrand wandern würdest, dann wüßtest du in dieser Einsamkeit, was Meditation ist. Die Ekstase des Alleinseins kommt, wenn du keine Angst hast, allein zu sein – nicht mehr zur Welt zu gehören oder an irgend etwas gebunden zu sein. Dann kommt sie still wie heute früh die Morgendämmerung und beschreibt einen goldenen Pfad in dieser Stille, die am Anfang war, die jetzt ist und die immer da sein wird.

X

GLÜCKSGEFÜHL und Vergnügen kannst du auf jedem Markt zu jedem Preis kaufen. Doch wahre Glückseligkeit kannst du nicht kaufen – weder dir selbst noch einem anderen. Glücksgefühl und Vergnügen sind zeitgebunden. Seligkeit kann nur in vollkommener Freiheit existieren. Vergnügen wie auch Glücksgefühl kannst du auf mancherlei Weise suchen und finden. Aber sie kommen und gehen. Seligkeit – dieses seltsame Gefühl der Freude – kennt kein Motiv. Du kannst sie unmöglich suchen. Wenn sie einmal da ist, vorausgesetzt, du bist in der richtigen Geistesverfassung, dann bleibt sie: zeitlos, ursachlos und nicht in Zeitbegriffen meßbar. Meditation ist nicht die Jagd nach dem Vergnügen und die Suche nach dem Glück. Im Gegenteil, Meditation ist ein Geisteszustand, in dem keine Idee oder Formel herrscht, sondern vollkommene Freiheit. Nur in einem solchen Geist kann diese Seligkeit aufkommen – ungesucht und ungebeten. Wenn sie einmal da ist, dann kannst du in der Welt mit all ihrem Lärm, ihren Vergnügungen und ihrer Brutalität leben. Sie werden diesen Geist nicht berühren. Wenn diese Seligkeit einmal da ist, dann hat der Konflikt aufgehört. Doch das Ende des Konflikts ist nicht unbedingt die vollkommene Freiheit. Meditation ist eine Bewegung des Geistes in dieser Freiheit. In diesem Ausbruch von Seligkeit wird der Blick unschuldig, und Liebe ist dann eine Segnung.

XI

MEDITATION ist nicht die bloße Kontrolle von Körper und Gedanken, sie ist auch kein System des Ein- und Ausatmens. Der Körper muß still sein, gesund und entspannt; die Sensibilität der Gefühle muß geschärft und gestärkt sein, und all das Geplapper, die Aufregung und das Umhertasten des Geistes muß aufhören. Man sollte nicht beim Organismus anfangen, sondern seine Aufmerksamkeit dem Geist mit seinen Meinungen, Vorurteilen und seinem Eigennutz zuwenden. Wenn der Geist gesund, vital und kraftvoll ist, dann wird das Gefühl intensiviert und äußerst aufnahmefähig sein. Dann wird auch der Körper mit seiner eigenen angeborenen Intelligenz, die nicht von Gewohnheit und Neigung verdorben wurde, richtig funktionieren.

Man muß also mit dem Geist beginnen und nicht mit dem Körper, dem Geist, der das Denken und die Vielfalt der Ausdrucksformen des Denkens ist. Die bloße Konzentration macht das Denken eng, begrenzt und starr, doch die Konzentration kommt als etwas Natürliches, wenn man seiner Denkgewohnheiten gewahr wird. Dieses Gewahrsein kommt nicht aus dem Denker, der auswählt und verwirft, der festhält und ablehnt. Dieses Gewahrsein kommt ohne Wahl und umfaßt sowohl das Äußere wie auch das Innere; es ist ein Austausch zwischen beiden, und damit geht die Trennung zwischen dem Äußeren und dem Inneren zu Ende.

Das Denken zerstört das Gefühl – das Gefühl, das Liebe ist. Das Denken kann nur Vergnügen bieten, und in der Jagd nach Vergnügen wird die Liebe verdrängt. Das Vergnügen am Essen und Trinken wird im Denken fortgesetzt, und dieses Vergnügen, das aus dem Denken stammt, lediglich zu kontrollieren oder zu unterdrücken, ist sinnlos, es erzeugt nur verschiedene Formen von Konflikt und Zwang.

Das Denken, welches Materie ist, kann nicht suchen, was jenseits der Zeit ist, denn das Denken ist Erinnerung, und die Erfahrung in dieser Erinnerung ist so tot wie das Blatt vom vergangenen Herbst.

Im Gewahrsein all dieser Vorgänge entsteht Aufmerksamkeit, die nicht das Produkt von Unaufmerksamkeit ist. Die Unaufmerksamkeit hat ja die vergnüglichen Gewohnheiten des Körpers diktiert und die Intensität der Gefühle verwässert. Unaufmerksamkeit kann nicht in Aufmerksamkeit verwandelt werden. Das Gewahrsein der Unaufmerksamkeit *ist* Aufmerksamkeit.

Das Sehen dieses ganzen komplexen Prozesses ist Meditation, aus der allein Ordnung in diesem Chaos entstehen kann. Diese Ordnung ist so absolut wie die Ordnung in der Mathematik, und aus ihr geht ein Handeln hervor – das unmittelbare Tun. Ordnung ist kein Arrangement, kein Plan, kein Gleichmaß, diese kommen erst viel später. Ordnung kommt aus einem Geist, der nicht mit den Dingen des Verstandes vollgestopft ist. Wenn das Denken schweigt, dann ist eine Leere da, und diese Leere ist Ordnung.

INNERES AUFBLÜHEN

DIALOG MIT SCHÜLERN UND LEHRERN IN BROCKWOOD PARK*

KRISHNAMURTI: Ich fände es gut, wenn wir heute morgen gemeinsam über die Frage sprechen könnten, ob hier in dieser kleinen Gemeinschaft jeder einzelne von uns aufblüht, wächst und zur Entfaltung kommt. Oder bewegen wir uns nur in engen ausgefahrenen Gleisen und werden daher am Ende unseres Lebens feststellen, daß wir nie die Gelegenheit hatten, in unserem tiefsten Innern aufzublühen?

Wir sollten uns einmal fragen, ob wir hier, als Schüler in Brockwood, wachsen, nicht nur körperlich größer und kräftiger werden, sondern ob irgend etwas uns hindert, uns blockiert oder davon abhält, tief innerlich zu wachsen und zu blühen. Die meisten von uns kommen kaum jemals zur Entfaltung. Im Verlauf unseres Lebens passiert etwas, das uns verkümmern läßt, das uns abstumpft; wir haben keine kräftige innere Nahrung. Vielleicht deshalb, weil die Welt um uns herum verlangt, daß wir Spezialisten werden – Ärzte, Wissenschaftler, Archäologen, Philosophen und so weiter. Das ist vielleicht einer der Gründe, weshalb wir psychisch nicht prächtig zu gedeihen scheinen. Ich meine, das ist eine der Fragen, die wir, eine kleine Gemeinschaft von Lehrern und Schülern, hier miteinander diskutieren sollten: ob irgend etwas uns am Blühen hindert. Sind wir zu stark von unserer Gesellschaft konditioniert, von unseren Eltern, unserer Religion, sogar von unserem Wissen? Sind es wirklich all diese Umwelteinflüsse, die dieses Blühen verzögern, blockieren oder verhindern? Versteht ihr meine Frage? Versteht ihr sie?

---

* Internationale Internatsschule für 14–21jährige Jungen und Mädchen in Hampshire, England, die 1969 von Krishnamurti gegründet wurde.

Seht mal, wenn ich katholisch bin, dann ist mein Geist, mein Gehirn, meine ganze psychische Struktur bereits konditioniert, nicht wahr? Meine Eltern sagen mir, daß ich katholisch bin, ich gehe jeden Sonntag zur Kirche, und da höre ich die Messe, die so wunderschön ist, da ist der Weihrauch, die Leute, die man beobachten kann, und das Intonieren des Priesters – das alles konditioniert den Geist, und deshalb kann nie etwas zum Blühen kommen. Versteht ihr? Ich bewege mich in einem bestimmten Gleis, auf einem bestimmten Pfad, folge einem bestimmten System, und eben dieser Pfad, dieses System, diese Aktivität ist begrenzend – und deshalb gibt es kein Blühen. Ist es das, was hier geschieht?

Sind wir so stark konditioniert von den verschiedenen Zufällen und Vorfällen und von dem Drängen und den Versicherungen der Eltern, daß es uns daran hindert, unbeschwert und glücklich aufzuwachsen? Wenn das der Fall ist, haben wir dann hier in Brockwood mehr Aussicht, unsere Konditionierung zu durchbrechen? Wenn nicht, welchen Sinn hat es dann? Was ist der Zweck von Brockwood, wenn wir doch so werden wie so viele Millionen Menschen, die nie in diesem gewaltigen Gefühl eines Vertiefens, Aufblühens und Entfaltens gelebt haben? Versteht ihr meine Frage? Ja? Bitte, dies ist ein Dialog, ich halte keine Rede.

SCHÜLER: Draußen wird zu viel Druck ausgeübt.

K: Zu viel Druck. Ja, da herrscht zu viel Druck. Geh langsam vor, untersuche das. Wenn du keinen Druck spürtest, würdest du dann überhaupt etwas tun? Würdest du lernen? Würdest du jetzt überhaupt aufpassen? Ich übe Druck auf dich aus, verstehst du? Ich dränge dich nicht gerade in eine Ecke, aber ich mache dir etwas klar, und das kann auch ein Druck sein, weil du es nicht sehen willst. Du willst Spaß im Leben haben, du glaubst, etwas Besonderes zu sein, du willst eine bestimmte Sache tun, und dabei vernachlässigst du alles andere. Aber wenn du überhaupt keinen Druck spüren würdest, wärest du dann aktiv? Oder würdest du immer fauler werden, gleichgültig, und nach und nach verkümmern? Zwar würdest du vielleicht einen Ehemann oder eine Frau haben, Kinder, ein Haus und einen Job, aber das innere Blühen würde nie stattfinden.

Erhältst du hier die richtige Art von Druck? Nicht den zwanghaften Druck, nicht den Druck, es anderen gleichzutun, nicht den Druck von Erfolg, die Leiter zu erklettern, jemand zu werden, sondern den Druck, der dir hilft, innerlich zu wachsen? Wenn kein Blühen stattfindet, dann lebt man ein gewöhnliches weltliches Leben und stirbt am Ende mit fünfzig, sechzig oder achtzig Jahren. Das ist das gewöhnliche Leben des Durchschnittsmenschen. Wenn du das alles beobachtest, was ist dann deine Reaktion? Was sagst du dazu?

S: Man fragt sich, ob es sinnvoll ist, so zu leben.

K: Nein. Sieh mal, mein Junge, sieh mal genau hin. Du weißt doch, daß sehr wenige Menschen, wenn sie älter werden, glücklich sind; es gibt zu viel Druck, da ist der Wettbewerb, tausend Leute bewerben sich um einen Job, und dann die Überbevölkerung. Alles auf der Welt wird immer gefährlicher. Verstehst du? Und wenn du das alles beobachtest, was ist dann deine Reaktion?

S: Ich sehe, wie meine Eltern älter werden, ich sehe mehr von ihren Unsicherheiten und wie sie herumrennen ohne irgendeinen Sinn in ihrem Leben.

K: Du sagst also, daß die meisten Leute auf der Welt Sicherheit suchen, materielle Sicherheit und vielleicht auch psychische Sicherheit. Aber wird die biologische oder psychische Sicherheit dir dieses Gefühl des Aufblühens vermitteln? Ich benutze das Wort „Aufblühen" im Sinne von

„Wachsen" – wie eine Blume, die auf einem Feld wächst, ohne daß man sie daran hindert. Suchst du nun beide Arten von Sicherheit – die psychische, innere Abhängigkeit von einem Menschen oder einem Glauben, oder suchst du sie in der Identifikation mit einer Nation, einer Gruppe? Oder lernst du einen spezialisierten technischen Beruf, damit er dir auch äußere Sicherheit gibt? Suchst du beide Arten von Sicherheit in irgendeinem Wissensgebiet?

Um es herauszufinden, mußt du dir alle diese Fragen stellen – hast du das schon getan? Gibt es denn so etwas wie psychische Sicherheit? Verstehst du meine Frage? Ich bin von meinem Mann oder meiner Frau aus vielerlei Gründen abhängig – Trost, Sex, Ermutigung; wenn ich mich einsam oder deprimiert fühle, ist jemand da, der sagt: „Alles in Ordnung, du machst deine Sache gut, du bist doch so nett", und er klopft mir auf die Schulter, und dann geht es mir schon besser, und langsam werde ich abhängig und verlasse mich auf sie oder ihn. Gibt es Sicherheit in einer derartigen Beziehung? Verstehst du meine Frage? Bitte, laß uns darüber sprechen.

S: Eine solche Beziehung ist sehr zerbrechlich.

K: Sie ist sehr zerbrechlich, aber gibt es überhaupt in irgendeiner Beziehung eine bleibende Sicherheit? Du wirst dich verlieben – was auch immer das heißen mag –, und für ein paar Jahre bist du an jemanden gebunden, ihr seid auf jede Weise voneinander abhängig. Und in dieser Beziehung suchst du ständig die Kontinuität dieses Gefühls, nicht wahr? Doch bevor du dich völlig auf diese Verbindung einläßt, die man „Verliebtheit" nennt, mußt du dich da nicht fragen, ob es überhaupt eine Sicherheit in zwischenmenschlichen Beziehungen gibt? Das bedeutet nicht, daß es nur hoffnungslose, deprimierende Einsamkeit gibt.

Weil du einsam und ungern allein bist, dir selbst nicht genügst und fürchtest, daß du nicht allein leben kannst, beginnst du dich an jemanden zu binden, denn du hast Angst. Und was geschieht? Wenn du gebunden bist, hast du genausoviel Angst, denn du könntest das verlieren, woran du hängst. Diese Person könnte dir fortlaufen, könnte sich in jemand anderen verlieben. Deshalb ist es so wichtig zu fragen, ob es in Beziehungen überhaupt Sicherheit gibt. Wenn du feststellst, daß es keine Sicherheit in einer Beziehung gibt, dann wirst du fragen müssen, gibt es Sicherheit in der Liebe? Verstehst du? Nein, das hast du nicht verstanden? Gut, gehen wir darauf ein.

Ich hänge an dir, ich mag dich, ich „verliebe mich" in dich, ich will heiraten, Sex haben, Kinder und alles, was dazu gehört. Aber ist diese Bindung dauerhaft, beständig? Oder ist sie sehr zerbrechlich, sehr schwach, wackelig, unsicher? Ich will die Beziehung sicher machen, aber in Wirklichkeit ist sie sehr unsicher. Richtig? Und doch behaupten wir, daß in der Beziehung Liebe ist. Gibt es denn Sicherheit in der Liebe? Und was verstehen wir unter Liebe? Wollen wir darüber sprechen? Oder spreche ich mit mir selbst? Fangt ihr an, euch zu langweilen?

Meine erste Frage ist: Ist es möglich zu blühen, zu gedeihen, zu wachsen, vollkommen unbeschwert zu sein, so daß man tanzen möchte? Oder ist das Leben immer deprimierend, einsam, unglücklich, gewalttätig, stumpfsinnig? Das ist das erste, was man herausfinden will. Und hilft uns Brockwood, aufzublühen?

In Brockwood hat man Beziehungen, es geht nicht anders, ihr seht euch jeden Tag. Und dabei kann es passieren, daß ihr euch in jemanden verliebt. Nicht wahr? Und ihr fühlt euch an diese Person gebunden. Wenn ihr euch gebunden fühlt, dann wollt ihr, daß die Bindung fortbesteht, oder nicht? Daß sie ewig dauert. Ihr wollt herausfinden, ob in dieser Beziehung etwas Bleibendes ist. Versteht ihr meine Frage? Kommt, wacht auf!

S: Ja.

K: Gut. Und du sagst, sie ist nicht beständig. Woher weißt du, daß sie nicht beständig ist? Du wirst vielleicht heiraten, aber gibt es in dieser Beziehung eine Kontinuität, in der es nie Konflikt, nie Streit gibt, keine Isolation, keine Abhängigkeit? Du sagst, es gibt keine. Aber warum sagst du das? Ich möchte herausbekommen, warum du das sagst. Wirst du das im ersten Jahr sagen, nachdem du dich verliebt und geheiratet hast? Ja? Oder wirst du erst nach fünf Jahren oder einem Dutzend Jahren sagen: „O mein Gott! Es gibt in der ganzen Sache keine Sicherheit!"?

Und du mußt auch herausfinden, ob du in dieser Beziehung der Unsicherheit und Ungewißheit aufblühen wirst – mit all ihrer Angst und Langeweile, den Gewohnheiten, der Wiederholung, in der man dasselbe Gesicht wieder und wieder sieht, zwanzig, dreißig, fünfzig Jahren lang. Wirst du wachsen? Wirst du ein außergewöhnliches, schönes, vollkommenes Geschöpf sein? Und wenn du das bist, was man verliebt nennt – ein oft mißbrauchter Ausdruck –, dann mußt du herausfinden, ob du dabei auch aufblühen wirst.

S: Vielleicht wird die Beziehung anfangs eher eine Beziehung zwischen zwei Vorstellungsbildern sein.

K: Meinst du, daß wir Vorstellungen von dem Mann und der Frau haben, und wir wollen, daß diese Vorstellungen oder Bilder oder Schlußfolgerungen für immer fortbestehen?

S: In diese Beziehung ist so viel Oberflächliches eingegangen, daß man keine Zeit hat zu untersuchen, was daran echt ist.

K: Hör zu! Wir sprechen zunächst einmal darüber, ob ihr es als wichtig betrachtet, daß man blühen muß – daß es wichtig, wahr, wirklich, notwendig, wunderbar ist, daß man aufblühen muß. Ob eine Beziehung, so wie sie heute zwischen zwei Menschen besteht, euch hilft, aufzublühen? Das ist der eine Punkt. Und wir sagen, wir lieben einander: Wird diese Liebe das Aufblühen eines menschlichen Geistes, eines menschlichen Herzens, der menschlichen Qualitäten fördern?

Und dann fragen wir, hilft euch euer Leben in Brockwood zu wachsen, zu gedeihen – nicht nur in praktischer Hinsicht, indem ihr Spezialisten für dies oder jenes werdet, sondern innerlich, in der Psyche, unter der Haut, in eurem Innern –, so daß nichts euch blockiert, nichts euch behindert, so daß ihr nicht neurotisch oder einseitig werdet, sondern ein ganzes, vollständiges Menschenwesen, das wächst und blüht?

Und jetzt müssen wir fragen: Was ist Liebe? Was denkt ihr, was sie ist? Ihr liebt eure Eltern, und eure Eltern lieben euch. Zumindest sagen sie das und ihr sagt es. Sind wir hier auf gefährlichem Gelände? Ja? Meine Frage ist: Tun sie das? Antwortet nicht. Wenn sie euch lieben, dann werden sie dafür sorgen, daß ihr vom Augenblick eurer Geburt an unkonditioniert seid, daß ihr blüht, denn ihr seid Menschen. Wenn ihr nicht blüht, dann seid ihr in der Welt gefangen, dann zerstört ihr andere Menschen. Wenn eure Eltern euch lieben, dann werden sie dafür sorgen, daß ihr richtig erzogen werdet, nicht nur äußerlich, damit ihr einen Job bekommt, sondern innerlich, damit ihr keinen Konflikt kennt und nicht im Krieg getötet werdet. Das alles gehört dazu, wenn ich meine Tochter oder meinen Sohn liebe. Ich will nicht, daß mein Sohn erzogen wird, um dann zwanzig Jahre später in Fetzen geschossen zu werden und man ihm einen Marmorstein oder ein Kreuz auf irgendeinem verdammten Feld errichtet! Und ich will nicht, daß er nur ein erstklassiger Geschäftsmann wird und viel Geld verdient. Oder ein wunderbarer Spezialist, der äußerlich hier und da ein bißchen Gutes tut – bessere Brücken baut, ein besserer Arzt ist, bessere Medizin herstellt –, doch wozu?

Also, was ist Liebe? Was stellt ihr euch darunter vor? Na, kommt schon! Ist es denn nicht sehr wichtig für euch, das herauszufinden? Bitte. Wollt ihr das nicht herausfinden, nachdem ihr die Leute in eurer Umgebung beobachtet habt, die Eltern, Großeltern, Freunde – alle Leute, die ihr kennt? Sie alle benutzen das Wort „Liebe", und doch streiten sie, sie konkurrieren miteinander, sie sind bereit, einander zu vernichten. Ist das Liebe? Was bedeutet Liebe für euch? Um Himmelswillen, sagt etwas!

S: Es ist schwierig, darüber zu sprechen, weil das Wort immer für alles benutzt wird.

K: Was denkst *du* darüber? Sprich darüber. Was empfindest du? Was bedeutet Liebe für dich? Ich bin sicher, daß du das Wort „Liebe" oft benutzt, oder nicht? Was bedeutet es? Du kennst das Wort „Haß", die Bedeutung dieses Wortes. Feindschaft, Wut, Eifersucht – das alles ist Teil des Hasses. Selbst Konkurrenz ist ein Teil des Hasses. Richtig? Du kennst also das Gefühl, was es bedeutet, Menschen zu hassen, und du kannst es auch in Worte fassen. Nun, ist Liebe das Gegenteil davon? Verstehst du meine Frage?

S: Die Gefühle sind gegensätzlich.

K: Genau. Kannst du also beide in deinem Kopf, in deinem Herzen haben, Haß und Liebe?

S: Wir benutzen diese Worte nicht.

K: Bleib beim Thema! Hast du diese Gefühle von Liebe und Haß gleichzeitig? Oder stellst du eines in die eine Ecke und das andere in eine andere Ecke: „Ich hasse jemanden, und ich liebe jemanden"? Aber wenn du liebst, kannst du dann überhaupt jemanden hassen? Kannst du töten, Menschen töten, Bomben abwerfen und alles übrige tun, was in der Welt geschieht?

Laßt uns also auf die erste Frage zurückkommen: Sehen wir beide, der Erzieher und derjenige, der hier erzogen wird, wie ungeheuer wichtig es ist zu wachsen, zu blühen, zu reifen, nicht nur körperlich, sondern tief innerlich? Wenn nicht, welchen Sinn hat das Ganze dann überhaupt? Warum solltest du dann zur Schule gehen? Um eine Prüfung zu machen und einen akademischen Grad zu erwerben und wenn du Glück hast, einen Job zu bekommen und einen Haushalt zu gründen – wird dir das alles helfen, wird es einem Menschen helfen oder können wir einander helfen aufzublühen? Also bitte!

Wenn ihr meine Tochter oder mein Sohn wäret, dann wäre dies das erste, worüber ich mit euch sprechen würde. Ich würde sagen, guck dich um, sieh deine Freunde in der Schule an, sieh dir die Nachbarn an, sieh, was um dich herum passiert, nicht, ob es dir gefällt oder nicht gefällt, sieh nur die Tatsache, sieh genau das, was passiert, ohne die geringste Entstellung. Leute, die verheiratet und unglücklich sind, sich ewig streiten – ihr kennt das ja alles. Jungen und Mädchen haben auch ihre Probleme, ihre Kümmernisse. Und die Trennungen von Menschen, Rassen und Gruppen, die es in den Religionen und Wissenschaften, in der Wirtschaft und in den Künsten gibt: Alles um euch herum ist gespalten. Seht ihr das? Und wer hat es gespalten? Das haben die Menschen getan. Das heißt, das Denken hat es verursacht. Richtig? Das Denken, das sagt: „Ich bin katholisch", das Denken, das sagt: „Ich bin Buddhist", das Denken, das sagt: „Ich bin Araber", „Ich bin Jude", „Ich bin Moslem", „Ich bin Christ". Das Denken hat das verursacht. Also muß das Denken – seiner ganzen Natur nach, durch sein ganzes Handeln – die Fragmentierung herbeiführen; nicht nur in einem selbst, sondern außerhalb. Seht ihr das? Oder ist das zu schwierig?

S: Ja, Sir, das kann man sehen.

K: Nicht „man". Ich frage jeden einzelnen. Siehst du wirklich die Tatsache – bitte, hört gut zu –, seht ihr wirklich die Tatsache, daß das Denken seiner ganzen Natur und Wirkungsweise nach Fragmentierung verursacht? Seht ihr diese Tatsache? Oder seht ihr die Idee? Was ist es? Ist es eine Idee, oder ist es eine Tatsache?

S: Es ist eine Idee.

K: Es ist eine Idee, nicht wahr? Warum macht ihr eine Idee daraus? Du verstehst doch meine Frage? Ich sage, seht euch um, seht die Kriege, den Terror, die Bomben, die Gewalttätigkeit, die Wettbewerbsgesellschaft, und in jedem Haus die ständigen Störungen in den Beziehungen. Seht ihr das alles als Tatsache, als Realität, oder ist es eine Abstraktion, die man als Idee bezeichnet? Wenn es eine Idee ist, warum macht ihr es dann zu einer Idee?

S: Können wir uns mit der Frage befassen, ob das Denken fragmentarisch ist? Was ist Ihrer Meinung nach verantwortlich für die Konditionierung? Nicht das Denken selbst, denn das ist rein mechanisch.

K: Hör mal zu. Warum ist das Denken fragmentarisch? Warum ist es von Natur aus gespalten? Nicht sein Ergebnis. Warum ist das Denken *an sich* begrenzt?

S: Wahrscheinlich liegt es an dem Muster, nach dem es funktioniert: Es nimmt etwas aus der Vergangenheit und vergleicht es mit etwas anderem.

K: Ist nicht das Denken das Ergebnis der Zeit? Vergewissere dich, stimme mir nicht zu, beobachte es einfach, finde es heraus! Ist das Denken das Ergebnis oder die Bewegung der Zeit? Das heißt, Denken ist Erinnerung, die Antwort der Erinnerung. Damit seid ihr alle einverstanden, oder? Leben nicht Erinnerung, Erfahrung, Wissen aus der Vergangenheit, werden in der Gegenwart verändert und wirken weiter? Und das alles ist eine Bewegung der Zeit, oder? Na also! Und weil es aus der Vergangenheit kommt, muß es fragmentarisch sein. Das Denken kann nie das Ganze sein.

Seht, ich habe Englisch gelernt. Ich habe ein paar Jahre gebraucht, um es zu lernen und im Gehirn zu speichern – die Wörter, die Syntax, wie man die Sätze konstruiert: Das alles braucht Zeit, nicht wahr? Und jeder Gedanke, der dieser Zeitspanne entspringt, ist begrenzt, nicht wahr? Das Denken ist also nichts Ganzes, nicht vollständig. Das Denken kann nie vollständig sein, denn es ist immer begrenzt. Bitte, seht das, nicht als Idee, sondern als Tatsache. Wir sagten, das Denken ist die Antwort der Erinnerung. Die Erinnerung ist im Gehirn gespeichert durch Erfahrung und durch die unaufhörliche Anhäufung von Wissen. Und wenn man euch etwas fragt, dann antwortet die Erinnerung. Richtig? Also muß das Denken begrenzt sein, denn die Erinnerung ist begrenzt, das Wissen ist begrenzt, die Zeit ist begrenzt. Seht ihr das?

Das Denken hat die Probleme in der Welt geschaffen. Du bist Niederländer, ich bin Deutscher, du bist Brite. Er ist Chinese. Das Denken hat diese Trennung verursacht. Das Denken hat die Religionen geschaffen. Das Denken sagt: „Jesus ist der größte Erlöser"; dann gehst du nach Indien, und da sagen sie: „Wir haben unseren Gott, und der ist viel besser als eurer." Das Denken hat ihren Gott geschaffen, so wie das Denken den Gott der Christen geschaffen hat. Das Denken hat die Kriege und die Waffen des Krieges erfunden. Für all das ist das Denken verantwortlich. Richtig?

S: Alle diese Ideen, die Sie als Beispiele angeführt haben…

K: Das ist keine Idee, es ist eine Tatsache.

S: Ja, ja, aber machen Sie weiter.

K: Nicht „Ja, ja, machen Sie weiter", ich mache damit nicht weiter! Ich will dabei bleiben, bis ihr es seht. Sei nicht ungeduldig mit mir. Ich frage euch, ob ihr die Tatsache seht, daß du Indonesier bist und ich aus Indien stamme. Wir haben verschiedene Hautfarben, verschiedene Kulturen, aber was hat die Trennung verursacht?

S: Die Konditionierung der Idee, nicht der Gedanke selbst. Ich weiß den Unterschied, aber es ist mir egal.

K: Dir ist es vielleicht egal, aber den Leuten, die einander hassen, ist es nicht egal.

S: Da ist noch etwas hinter dem Gedanken.

K: Was ist hinter dem Gedanken? Die Konditionierung. Meine Eltern haben zu mir gesagt: „Du bist Brahmane, du bist Hindu", und deine Eltern haben gesagt: „Du bist Christ."

S: Das ist der Instinkt, zu einer Gruppe zu gehören.

K: Der Instinkt, zu einer Gruppe zu gehören. Warum? Weil es viel sicherer ist, zu einer Gemeinschaft zu gehören.

S: Das ist das ganze Problem.

K: Weil du dich mit einer kleinen Gruppe identifiziert hast. Warum identifizierst du dich nicht mit der ganzen Menschheit, mit allen Menschen auf der Welt? Warum mit der kleinen Gruppe?

Ich mache euch darauf aufmerksam, daß das Denken alle diese menschlichen, psychischen und weltlichen Probleme geschaffen hat. Das kann man nicht leugnen. Seht ihr das als eine Tatsache, nicht als eine Idee – genauso eine Tatsache, wie wenn du Zahnweh hast? Es ist eine Tatsache. Du sagst nicht: „Das ist eine Idee, ich werde über mein Zahnweh nachdenken!"

Um es anders zu sagen, ist Denken Liebe? Kann das Denken Liebe hervorrufen? Bitte, wir wollen das diskutieren, was sagt ihr dazu?

S: Wenn man jemanden liebt, dann muß man denken.

K: Nein, ich frage dich: Kann Liebe vom Denken kultiviert werden?

S: Das ist wieder eine Konditionierung.

K: Du antwortest mir nicht. Wir haben gesagt, das Denken ist fragmentarisch. Ja? Es wird immer fragmentarisch bleiben. Die Vereinten Nationen sind fragmentarisch, vom Denken geschaffen. Und nun stelle ich die Frage: Das Denken, fragmentiert, wie es ist – und seine Aktivität und sein Handeln müssen Fragmentierung hervorbringen –, kann dieses Denken Liebe kultivieren, Liebe hervorbringen? Was sagt ihr dazu?

S: Nein.

K: Wenn du „nein" sagst, gib acht, damit stelle ich dir ein Bein! Wenn du sagst: „Nein", dann ist das auch wieder eine Idee, oder ist es etwa eine Tatsache? Wenn es eine Tatsache ist, dann findet, was die Liebe betrifft, keine Bewegung des

Denkens statt. Verstehst du das? Nicht hier oben [tippt sich an den Kopf], sondern verstehst du es innerlich, zutiefst?

S: Was meinen Sie mit zutiefst?

K: Nun gib mal acht. Wenn Liebe nicht Denken ist, wenn sie nicht auf Denken beruht, was ist dann unsere Beziehung? Was ist Beziehung, die jetzt auf dem Denken basiert? Wenn Denken nicht Liebe ist, was tust du dann mit der konkreten Beziehung, die du jetzt hast? Verstehst du meine Frage?

Ich sage zu mir selbst, ich sehe die Tatsache, nicht die Idee, die Tatsache, daß Denken nicht Liebe ist. Aber ich bin verheiratet, ich habe Kinder, ich habe meine Frau, meine Mutter; wir haben uns Bilder voneinander gemacht, Beziehungen, die wechselseitig aufeinander einwirken. Diese aufeinander einwirkenden Beziehungen sind das Wirken von Bildern, die ich mir von meiner Mutter, meiner Frau, meinen Kindern gemacht habe. Und das nenne ich „Liebe". Und jetzt sage ich, ich sehe, daß diese Beziehungen auf Bildern beruhen. Und ich sehe auch ganz klar, daß Liebe nicht das Produkt des Denkens ist, Liebe kann nicht Denken sein. Was geschieht nun mit meiner Beziehung zu meiner Mutter, meiner Frau und meinen Kindern? Ist das zu schwierig?

S: Wie sehen Sie das?

K: Was meinst du mit „wie ich es sehe"? Es gibt kein „Wie" – es ist kein mechanischer Gegenstand, mein Lieber. Siehst du das nicht als Tatsache? Nicht? Sei einfach! Was sagst du?

S: Na ja, wie Sie schon sagten, Liebe hat nichts mit Denken zu tun.

K: Liebe hat nichts mit Denken zu tun – Punkt. Weil ich ganz klar sehe, daß Denken eine fragmentierte Bewegung ist. Das ist eine Tatsache, es ist tatsächlich so, es ist keine Idee. Aber ich bin verheiratet, ich habe Kinder, ich habe eine Frau. Wenn ich das als eine Tatsache feststelle, daß meine Beziehungen sich auf Bilder gegründet haben, auf Denken, was findet dann statt? Verstehen einige von euch, was ich sage?

S: Sagen Sie, daß die Liebe, wie ich sie vorher kannte, ich meine die Beziehung zwischen Bildern, die man „Liebe" nennt, etwas anderes ist?

K: Sieh mal, ich habe das jetzt den ganzen Morgen wiederholt. Ich habe mich verliebt – was immer das bedeuten mag –, und ich bin verheiratet, ich bin seit vielen Jahren verheiratet und habe Kinder, und ich habe mir ein Bild von meiner Frau gemacht. Ich habe das Bild selbst geschaffen. Nicht wahr? Sie hat an mir herumgenörgelt, sie hat mich drangsaliert, sie hat mich dominiert – oder ich habe sie dominiert, ich habe sie drangsaliert. Da ist diese Wechselwirkung, sexuell und in anderer Beziehung. Ich habe ein Bild von ihr aufgebaut, und sie hat ein Bild von mir aufgebaut. Das ist eine Tatsache. Das heißt, dieses Bildermachen ist die Bewegung des Denkens. Solange du das nicht siehst, geh nicht weiter. Nun kommst du daher und sagst, daß das Denken eine fragmentarische Bewegung ist. Und du erklärst mir sehr ausführlich, warum es so ist – weil es an Zeit, an Erinnerung, an Wissen gebunden und daher sehr begrenzt ist. Ich verstehe das. Und der nächste Schritt ist: Wenn ich das verstanden habe, was soll ich tun in der Beziehung zu meiner Mutter, meiner Frau und meinen Kindern? Was soll ich tun? Habt ihr das verstanden, einige von euch?

Was geschieht, wenn ich erkenne, daß meine Beziehung zu meiner Frau oder dem Jungen oder Mädchen oder zu wem auch immer eine Bewegung der Zeit und der Fragmentierung ist? Wenn ihr das seht, was ist dann Liebe? Ist Liebe genau dasselbe? Ist Liebe eine Fragmentierung, ein Bild, eine Vorstellung, eine Erinnerung? Ist das zu schwierig?

S: Beim ersten Gefühl des Verliebtseins sieht man etwas Schönes. Das möchte man gerne verewigen.

K: Siehst du etwas Schönes? Wirklich? Sag nicht ja. Siehst du wirklich etwas Schönes? Wenn du einen Baum ansiehst oder eine Frau oder einen Mann oder eine Wolke oder eine Wasserfläche, siehst du dann, wie unbeschreiblich schön das ist und läßt es auf sich beruhen? Siehst du es, oder ist es eine Idee, daß es schön ist?

S: In diesem Moment sehe ich es wirklich.

K: Was spielt sich in diesem Moment ab?

S: Man hat keine Worte.

K: Was bedeutet das? Kein Gedanke. Richtig? Schönheit ist also da, wenn keine Bewegung des Denkens stattfindet. Stimmst du dem zu? [Kopfnicken]. Ah, ihr stimmt dem zu. Warum? Ihr seid euch alle darin einig? Wie erstaunlich! Wenn ihr etwas Schönes seht, dann ist das Denken nicht da. So, könnt ihr jetzt dabei bleiben und nicht davon abschweifen, in diesem Moment bleiben und diese Wolke beobachten? Denn da ist kein Gedanke im Spiel, da ist kein Schwatzen. Das Denken ist total abwesend, wenn ihr etwas außerordentlich Schönes seht.

Paßt gut auf, bitte hört genau zu. Die Wolke, mit ihrem Licht, in ihrer Unermeßlichkeit, hat dich überwältigt. Richtig? Die Wolke hat dich in sich aufgenommen. Was bedeutet, daß du in diese Wolke eingegangen bist. Was bedeutet, daß du, in diesem Zustand der Versunkenheit, nicht mehr da bist. Verstehst du das? Na, komm schon! Nächster Schritt.

Ein Kind ist in ein Spiel versunken. Nimm ihm das Spiel weg, und es ist wieder da und treibt seinen üblichen Unfug. Genau das ist passiert. Die Wolke hat dich in sich aufgenommen, und wenn die Wolke weiterzieht, dann bist du wieder du selbst. Richtig?

Nun, kannst du, ohne in einen Berg, eine Wolke, einen Baum, in das Lied eines Vogels, die Schönheit der Landschaft versunken zu sein, in dir selbst vollkommen leer sein? Verstehst du? Nimm das Spielzeug weg, und das Kind ist wieder bei seiner üblichen Ungezogenheit und schreit und brüllt, aber gib ihm ein anderes Spielzeug, und das Spiel nimmt es wieder gefangen. Ich frage dich, kannst du ohne das Spielzeug und deshalb mit nichts, in das du dich versenken kannst, von dir selbst abwesend sein? Oh, beantworte das, finde es um Himmelswillen heraus! Sieh doch, wie wunderbar schön das ist!

Also ist Schönheit da, wenn du nicht da bist. Schönheit ist, wenn das Denken abwesend ist.

Liebe ist nicht Denken, nicht wahr? Seht ihr jetzt den Zusammenhang? Ich will darüber nicht diskutieren. Wenn ihr den Zusammenhang seht, belaßt es dabei.

Ich liebe dich, ich bin von dir gefesselt, ich begehre dich, du riechst gut, du hast schöne Haare, mein Körper verlangt alle möglichen Dinge, Sex und so weiter. Ich habe mich in dich verliebt, ich gehe in dir auf. Ich klammere mich an dich. Aber mein altes Selbst behauptet sich mit der Zeit und sagt: Ja, vor zwei Jahren fand ich sie sehr nett, aber jetzt kann ich sie nicht mehr leiden. Ich habe mich in ihr Gesicht verliebt, aber sieh, was passiert ist! Könnt ihr mir folgen?

Bitte seht, wie wahr das ist: Wo Schönheit ist, da ist das Denken total abwesend. Liebe ist somit die totale Abwesenheit des „Ich". Richtig? Begriffen? Wenn ihr es begriffen habt, dann habt ihr vom Quell des Lebens getrunken.

S: Gehört zu dem Gefühl das Versunkensein, oder ist das nur so ein Wort?

K: Was ist Gefühl? Wenn kein Gedanke da ist, hättest du dann Gefühle? Sieh dir das genau an. Ist Schönheit ein Gefühl? Wir haben gesagt, Schönheit ist ohne Gedanken. Und gibt es ein Gefühl, wenn kein Gedanke da ist? Laß den Rest beiseite, geh zum Kern, zum Inneren vor, anstatt alle die Einzelheiten zusammenzufügen. Die Einzelheiten kommen später. Sieh diese eine Wahrheit: Wo Schönheit ist, da sind keine Gedanken. Wo Liebe ist, da ist kein „Ich", das schwatzt, das über seine Probleme, Sorgen und Ängste schwatzt. Wo das „Ich" abwesend ist, da ist Liebe. Richtig?

S: Du betrachtest eine Wolke, und sie zieht vorüber, und du fällst wieder auf dich selbst zurück.

K: Das ist richtig. Wenn du eine Wolke siehst oder etwas Schönes, Wasser oder einen Vogel, der in der Luft fliegt, hört dann nicht dein Schwatzen auf, weil das, was du siehst, viel interessanter ist? Wenn du einen Film siehst, dann denkst du nicht an alle deine Probleme, deine Sorgen, deine Ängste. Du bist in ihn versunken, nicht wahr? Halte den Film an, und du bist wieder bei dir selbst. Oder nicht?

S: Irgendwie. Langsam wird es verständlich.

K: Geh noch viel weiter: Ideen sind deine Spielsachen, Ideale sind deine Spielsachen, Religionen sind deine Spielsachen, und sie nehmen dich ganz und gar in Anspruch. Aber in dem Moment, wenn man sie in Frage stellt oder wenn es eine Störung gibt, bist du wieder bei dir selbst, und du bekommst Angst.

S: Gibt es denn nicht eine Ausnahme, etwas, das außerhalb der Welt der Spielsachen ist?

K: Das habe ich dir gezeigt.

S: Ja, aber…

K: Nicht ja aber! Ich bleibe dabei. Wir haben gesagt – bitte hör gut zu –, wir haben gesagt, daß das Denken diese Welt geschaffen hat. Die Kriege, den Geschäftsmann, den Künstler, den Politiker, den Verbrecher – die Gesellschaft hat das alles gemacht. Die Gesellschaft ist unsere Beziehung zueinander, die auf Denken basiert. Das Denken ist also verantwortlich für das ganze schreckliche Durcheinander. Stimmt das? Oder ist es eine Idee? Wenn ihr sagt, es ist eine Idee, dann seht ihr nicht die nackten Tatsachen. Versteht ihr? Nun gehen wir weiter. Das Denken, haben wir gesagt, ist aufgespalten; was es auch tut, wird aufgespalten. Seht ihr das als eine Tatsache, als etwas Wirkliches, so wie ihr mich seht? „Ich" ist keine Idee, ich sitze hier. Vielleicht würdet ihr gerne eine Idee aus mir machen, aber die nackte Tatsache ist, ich sitze hier.

S: Das alles ist mechanisches Denken, aber gibt es noch etwas dahinter, von dem es benutzt wird?

K: Ihr habt nichts anderes als das mechanische Denken. Wenn das mechanische Denken aufhört, dann ist etwas anderes da. Aber ihr könnt nicht sagen: „Ja, das ist mechanisch, befassen wir uns mit dem anderen." Das Denken muß aufhören. Und es hört auf, wenn ihr etwas Schönes seht, etwa eine gewaltige Bergkette mit schneebedeckten Gipfeln. Diese Majestät, diese Größe nimmt euch gefangen. Und wenn dieser Berg nicht da ist, dann seid ihr wieder zu Hause mit euren Streitigkeiten, mit euren Gedanken. Das ist alles. Und ich sage, bitte findet es heraus, setzt euch hin, meditiert, untersucht es selbst: Wo Schönheit ist, da ist die totale Abwesenheit dieses unnützen Denkens. Und mit der Liebe ist es genauso.

S: Das ist ja alles schön und gut, aber…

K: Ist ja alles schön und gut, sagst du, aber ich muß wieder zu meinem Onkel, meiner Tante, meiner Mutter, meiner Großmutter gehen, und ich muß Geld verdienen. Das ist das Problem mit uns allen. Was wirst du also tun? Wenn du erkennst, wenn du wirklich siehst, daß – außer in technischen und praktischen Angelegenheiten – das Denken die allerschädlichste Sache ist, daß es die tödlichste Sache in einer Beziehung ist, daß es die Liebe zerstört, was wirst du dann tun? Du mußt Geld verdienen, deinen Lebensunterhalt verdienen; das erfordert Denken, also machst du vom Denken Gebrauch. Wenn du einen Anzug oder ein Kleid kaufen mußt, dann vergleichst du, das erfordert Denken. Aber du erkennst, daß in einer Beziehung das Denken tödlich ist. Das ist alles.

Pax.

EIN SELBSTGESPRÄCH

ICH WEISS, daß Liebe nicht existieren kann, wo Eifersucht ist; Liebe kann nicht existieren, wo eine Bindung besteht. Ist es mir denn möglich, frei von Eifersucht und Bindungen zu sein? Ich weiß, daß ich nicht liebe. Das ist eine Tatsache. Ich will mir nichts vormachen, ich will meiner Frau nicht vortäuschen, daß ich sie liebe. Ich weiß nicht, was Liebe ist. Aber ich weiß, daß ich eifersüchtig bin, und ich weiß, daß ich sehr an meine Frau gebunden bin und daß dieser Bindung Angst, Eifersucht und Spannung, ein Gefühl der Abhängigkeit beigemischt sind. Ich bin nicht gerne abhängig, aber ich bin abhängig, weil ich einsam bin. Im Büro, in der Fabrik werde ich herumkommandiert, und wenn ich nach Hause komme, suche ich Trost und Nähe, um vor mir selbst zu fliehen. Und ich frage mich: Wie werde ich frei von dieser Gebundenheit? Dies soll nur ein Beispiel sein.

Zuerst möchte ich vor dieser Frage davonlaufen. Ich weiß nicht, wie es mit meiner Frau weitergehen soll. Wenn ich mich wirklich innerlich von ihr lösen würde, dann könnte sich meine Beziehung zu ihr ändern. Sie könnte noch von mir abhängig sein, aber ich wäre nicht mehr von ihr abhängig, so wenig wie von irgendeiner anderen Frau. Aber ich will das untersuchen. Deshalb werde ich nicht davonlaufen, wenn ich mir vorstelle, welche Konsequenzen es haben könnte, vollkommen frei von jeder Bindung zu sein. Ich weiß nicht, was Liebe ist, aber ich sehe ganz klar, deutlich, ohne jeden Zweifel, daß die innere Abhängigkeit von meiner Frau mit Eifersucht, Besitzanspruch, Angst und Spannung einhergeht, und von all dem will ich frei sein. Also beginne ich zu fragen; ich suche nach einer Methode, und ich gerate an ein System. Irgendein Guru sagt. „Ich werde dir helfen, frei zu werden, tu dies und jenes; übe dies und jenes." Ich akzeptiere, was er sagt, denn ich sehe, wie wichtig es ist, frei zu sein. Und er verspricht mir, daß ich, wenn ich tue, was er sagt, dafür belohnt werde. Aber mir wird klar, daß ich auf diese Weise auf Belohnung warte. Ich sehe ein, wie töricht ich bin: Ich will frei sein, und statt dessen mache ich mich von einer Belohnung abhängig.

Ich will nicht gebunden sein, und doch ertappe ich mich dabei, daß ich mich an die Idee binde, ein Mensch oder ein Buch oder eine Methode werde mich mit Freiheit von Bindung belohnen. Und so wird die Belohnung zu einer Bindung. Und ich sage: „Was habe ich nur getan! Ich muß aufpassen, daß ich nicht in diese Falle gerate." Ob es nun eine Frau ist, eine Methode oder eine Idee, es sind alles Bindungen. Ich bin jetzt sehr vorsichtig. Denn ich habe etwas gelernt, nämlich eine Bindung nicht gegen etwas anderes einzutauschen, das wiederum eine Bindung ist.

Ich frage mich: „Was soll ich tun, um frei von Bindung zu werden?" Was ist das Motiv hinter meinem Wunsch, frei von Bindungen zu sein? Will ich nicht einen Zustand erreichen, in dem es keine Bindung gibt, keine Angst? Und plötzlich wird mir klar, daß ein Motiv eine Richtung angibt, und diese Richtung wird mir meine Freiheit diktieren. Warum soll ich ein Motiv haben? Was ist ein Motiv? Ein Motiv ist die Hoffnung oder der Wunsch, etwas zu erreichen. Ich sehe, daß ich an ein Motiv gebunden bin. Nicht nur meine Frau, nicht nur meine Idee oder eine Methode, sondern mein Motiv selbst ist zu meiner Bindung geworden! Ich funktioniere also ständig im Bereich von Bindungen – an die Frau, an die Methode und an das Motiv, etwas in der Zukunft zu erreichen. An all das bin ich gebunden. Ich sehe, daß das eine ungeheuer komplexe Angelegenheit ist, ich habe nicht gewußt, daß frei von Bindung zu sein all das mit sich bringt. Jetzt sehe ich das so deutlich, wie ich auf einer Landkarte die Hauptstraßen, die Nebenstraßen und die Dörfer sehe; ich sehe es ganz klar. Dann sage ich zu mir selbst: „Ist es mir denn möglich, frei zu sein von der großen Abhängigkeit von meiner Frau und auch von der Belohnung, die ich zu erhalten glaube, und frei von meinem Motiv?" An all das bin ich gebunden. Warum? Vielleicht, weil ich mir selbst nicht genüge? Vielleicht, weil ich sehr, sehr einsam bin und deshalb vor diesem Gefühl der Isolation zu fliehen suche, indem ich mich einer Frau zuwende, einer Idee, einem Motiv, als müsse ich mich an etwas festhalten? Ich sehe, daß dies zutrifft: Ich bin einsam, und indem ich mich von etwas abhängig mache, fliehe ich vor diesem Gefühl der ungeheuren Einsamkeit.

Nun interessiert es mich zu verstehen, warum ich einsam bin, denn ich sehe, daß es das ist, was mich abhängig macht. Diese Einsamkeit hat mich gezwungen, ihr durch Bindung an dies oder jenes zu entfliehen, und ich sehe auch, daß dies, solange ich einsam bin, immer wieder geschehen wird. Was bedeutet es, sich einsam zu fühlen? Wie kommt das Gefühl zustande? Ist es instinktiv, ererbt, oder wird es durch meine täglichen Aktivitäten hervorgerufen? Wenn es ein Instinkt ist, wenn es ererbt ist, dann gehört es zu meinem Los, dann kann ich nichts dafür. Aber da ich das nicht akzeptiere, stelle ich es in Frage, und ich bleibe bei der Frage, ich beobachte, und ich versuche nicht, eine intellektuelle Antwort darauf zu finden. Ich versuche nicht, der Einsamkeit zu sagen, was sie tun soll oder was sie ist, ich beobachte sie, bis sie es mir sagt. Ich beobachte die Einsamkeit, damit sie sich mir offenbart. Sie wird sich nicht offenbaren, wenn ich davonlaufe, wenn ich Angst habe, wenn ich ihr Widerstand leiste. Ich beobachte sie einfach. Ich beobachte sie, damit kein Gedanke sich dazwischendrängt. Das Beobachten ist viel wichtiger als das Denken, das dazwischenkommt. Und weil meine ganze Energie sich auf die Beobachtung dieser Einsamkeit konzentriert, kommt kein einziger störender Gedanke auf. Der Geist ist herausgefordert, und er muß antworten. Da er herausgefordert wird, ist er in einer Krise. In einer Krise hat man viel Energie, und diese Energie bleibt, ohne durch das Denken behindert zu werden. Das ist eine Herausforderung, der man sich stellen muß.

Ich habe mit einem Selbstgespräch begonnen. Ich habe mich gefragt, was diese seltsame Sache ist, die man Liebe nennt; jeder spricht darüber, schreibt darüber – alle diese romantischen Gedichte, Bilder, Sex und alles, was dazugehört. Ich frage: Gibt es so etwas wie Liebe? Ich sehe, daß sie nicht existiert, wo Eifersucht, Haß und Angst herrschen. Deshalb interessiere ich mich nicht mehr für die Liebe, ich interessiere mich für das, „was ist", meine Angst, mein Gebundensein. Warum bin ich gebunden? Ich sehe, einer der Gründe ist – ich sage nicht, daß es der einzige Grund ist –, daß ich entsetzlich einsam und isoliert bin. Je älter ich werde, um so mehr fühle ich mich isoliert. Also beobachte ich das. Es ist eine Herausforderung, es zu entdecken, und weil es eine Herausforderung ist, ist alle Energie vorhanden, um darauf zu reagieren. Das ist einfach. Wenn eine Katastrophe, ein Unfall oder was auch immer passiert, dann ist es eine Herausforderung, und ich habe die Energie, ihr zu begegnen. Ich brauche nicht zu fragen: „Wie bekomme ich diese Energie?" Wenn das Haus brennt, dann habe ich die Energie, mich in Bewegung zu setzen, ungeheure Energie. Ich lehne mich nicht zurück und sage: „Nun ja, ich muß die Energie aufbringen", und dann warte ich ab; inzwischen wird das ganze Haus niedergebrannt sein.

Da ist nun diese ungeheure Energie, die Frage zu beantworten: Warum ist man so einsam? Ich habe Ideen, Vermutungen und Theorien abgelehnt: daß es ererbt ist, daß es instinktiv ist. Das alles sagt mir nichts. Einsamkeit ist, „was ist". Warum gibt es diese Einsamkeit, die jedes menschliche Wesen durchmacht, wenn es sich überhaupt bewußt ist, oberflächlich oder in seiner ganzen Tiefe? Warum entsteht sie? Tut der Verstand etwas, um sie heraufzubeschwören? Ich habe die Theorien über Instinkt und Vererbung verworfen, und ich frage: Ruft der Geist, das Gehirn selbst, diese Einsamkeit, diese totale Isolation hervor? Ruft die Bewegung des Denkens sie hervor? Führt das Denken in meinem täglichen Leben dieses Gefühl der Isolation herbei? Im Büro isoliere ich mich, weil ich die Führungsposition anstrebe, deshalb ist das Denken unaufhörlich damit beschäftigt, sich zu isolieren. Ich sehe, daß das Denken ständig nach Überlegenheit strebt, und damit treibt der Geist sich selbst in diese Isolation.

Die Frage ist also folgende: Warum tut das Denken das? Liegt es in der Natur des Denkens, allein zu arbeiten? Liegt es in der Natur des Denkens, diese Isolation zu bewirken? Die Erziehung führt zu dieser Isolation; sie führt mich zu einer bestimmten Karriere, einer bestimmten Spezialisierung – und damit zur Isolation. Das Denken, da es fragmentiert ist, begrenzt und zeitgebunden, führt diese Isolation herbei. In dieser Begrenztheit hat es Sicherheit gefunden, und es sagt: „Ich habe eine besondere Karriere gewählt, ich bin Professor, mein Leben ist vollkommen sicher." Was mich interessiert, ist: Warum tut das Denken das? Liegt es in seiner Natur, das zu tun? Alles, was das Denken tut, kann nur begrenzt sein.

Das Problem ist also: Kann das Denken erkennen, daß alles, was es auch tut, begrenzt, bruchstückhaft und daher isolierend ist, daß alles, was es auch tun wird, ebenfalls so sein wird? Das ist ein sehr wichtiger Punkt: Kann das Denken selbst seine eigene Begrenztheit *erkennen*? Oder sage ich ihm nur, daß es begrenzt ist? Es ist sehr wichtig, das zu verstehen; das ist der eigentliche Kern der Sache. Wenn das Denken selbst erkennt, daß es begrenzt ist, dann gibt es keinen Widerstand, keinen Konflikt; es sagt: „Ich bin so." Aber wenn ich ihm sage, daß es begrenzt ist, dann bin ich von dieser Begrenztheit getrennt. Dann kämpfe ich, um diese Begrenztheit zu überwinden, und deshalb herrschen Konflikt und Gewalt, nicht Liebe.

Erkennt also das Denken, daß es begrenzt ist? Das muß ich herausfinden. Es ist eine Herausforderung. Da ich herausgefordert bin, habe ich große Energie. Anders ausgedrückt: Erkennt das Bewußtsein, daß es sein eigener Inhalt ist? Oder habe ich einen anderen sagen hören: „Das Bewußtsein ist sein Inhalt; sein Inhalt macht das Bewußtsein aus?" Deshalb sage ich : „Ja, so ist es." Bemerken Sie den Unterschied zwischen den beiden? Das letztere kommt aus dem Denken und wurde ihm vom „Ich" aufgezwungen. Wenn ich dem Denken etwas aufzwinge, dann entsteht ein Konflikt. Es ist wie eine tyrannische Regierung, die jemandem etwas aufzwingt, aber hier ist die Regierung das, was ich selbst geschaffen habe.

Nun frage ich mich: Hat das Denken seine eigene Begrenztheit erkannt? Oder macht es sich vor, etwas Ungewöhnliches, Edles, Göttliches zu sein? – Das ist Unsinn, denn das Denken gründet sich auf Erinnerung. Ich sehe, über diesen Punkt muß Klarheit herrschen: daß kein äußerer Einfluß dem Denken aufzwingt zu sagen, es sei begrenzt. Dann gibt es, weil es keinen Zwang gibt, auch keinen Konflikt; das Denken erkennt einfach, daß es begrenzt ist; es erkennt, daß alles, was es tut – seine Anbetung Gottes und so weiter –, begrenzt, schäbig, kleinlich ist, auch wenn es in ganz Europa herrliche Kathedralen zur Anbetung Gottes geschaffen hat.

So habe ich in meinem Selbstgespräch die Entdeckung gemacht, daß Einsamkeit vom Denken erzeugt wird. Das Denken hat nun erkannt, daß es begrenzt ist und deshalb das Problem der Einsamkeit nicht lösen kann. Da es aber das Problem der Einsamkeit nicht lösen kann, existiert dann die Einsamkeit überhaupt? Das Denken hat dieses Gefühl der Einsamkeit, dieser Leere, erzeugt, weil es begrenzt, fragmentiert, gespalten ist, und wenn es das erkennt, dann gibt es keine Einsamkeit, und damit ist es frei von Bindung. Ich habe nichts getan; ich habe nur die Bindung beobachtet, was sie mit sich bringt: Gier, Angst, Einsamkeit, all das, und indem ich ihr auf der Spur bin, sie beobachte, nicht analysiere, sondern nur anschaue, anschaue und anschaue, kommt die Entdeckung, daß das Denken das alles getan hat. Das Denken, weil es fragmentarisch ist, hat diese Bindung geschaffen. Wenn es das erkennt, hört die Gebundenheit auf. Man brauchte sich gar nicht anzustrengen. Sobald man sich anstrengt – ist der Konflikt wieder da.

In der Liebe gibt es keine Gebundenheit, wo Gebundenheit ist, da ist keine Liebe. Durch die Verneinung dessen, was Liebe nicht ist, die Verneinung der Bindung, wurde der Hauptfaktor beseitigt. Ich weiß, was das für mein tägliches Leben bedeutet; keine Erinnerung an irgend etwas zu haben, was meine Frau oder meine Freundin getan hat, um mich zu verletzen; keine Bindung an irgendein Bild, welches das Denken sich von ihr geschaffen hat: wie sie mich tyrannisiert hat, wie sie mich getröstet hat, die Vorstellung meines sexuellen Vergnügens, alle die verschiedenen Dinge, von welchen die Bewegung des Denkens Bilder geschaffen hat. Die Bindung an diese Bilder ist verschwunden.

Und es gibt noch andere Faktoren: Muß ich sie alle Stufe für Stufe, einen nach dem anderen durchmachen? Oder ist das alles vorbei? Muß ich sie durchmachen, muß ich sie alle untersuchen, Angst, Vergnügen und die Sehnsucht nach Trost – so wie ich die Bindungen untersucht habe? Ich sehe, daß ich nicht alle diese verschiedenen Faktoren zu untersuchen brauche; ich sehe sie auf einen Blick, ich habe sie erfaßt.

Durch die Verneinung all dessen, was nicht Liebe ist, ist Liebe da. Ich brauche nicht zu fragen, was Liebe ist. Ich brauche ihr nicht nachzulaufen. Wenn ich ihr nachlaufe, dann ist es nicht Liebe, dann ist es eine Belohnung. So habe ich in dieser Untersuchung langsam, sorgfältig, ohne Verzerrung, ohne Illusion alles verneint, alles verworfen, was Liebe nicht ist – und dann ist das andere da.

Inspirationen

Root Leeb
Diesen Himmel schenk ich dir
Und viele wundersame Dinge mehr
Band 5015
Literarische und nachdenklich-heitere Texte erzählen von der Seelenlage der
Schenkenden und Beschenkten, von der Welt der Gaben, die „ankommen".

Eugen Drewermann
Zeiten der Liebe
Band 5057
Die tiefen und poetischen Texte treffen den Kern existentieller Fragen.
Sie lassen Wege erkennen, die zu einem Leben der Liebe führen.

Meister Ryokan
Alle Dinge sind im Herzen
Band 5035
Wer die poetischen und meditativen Texte des berühmten Meisters Ryokan
liest, spürt die Weisheit des einfachen Lebens, staunt über seine Liebe für das
Unmittelbare und fühlt sich in seinen Bann gezogen.

Rainer Maria Rilke
Über die Liebe und andere Schwierigkeiten
Herausgegeben von Stefanie Schröder
Band 5019
Rainer Maria Rilke – ein Erfahrener in Liebesdingen und in Liebesleiden.
Gedichte und Texte des großen Poeten.

Marco Aldinger
„Was ist die ewige Wahrheit?" „Geh weiter!"
Zen-Geschichten vom Festhalten und Loslassen
Band 5011
Die heitere Gelassenheit, für die die Meister des Zen bekannt sind, wird in
diesen östlichen Weisheitstexten nachvollziehbar und lebendig.

HERDER spektrum

Niklaus Brantschen
Erfüllter Augenblick
Wege zur Mitte des Herzens
Band 5030

Lärm, Unruhe, Hektik, Stress, Zerstreutheit – damit unser Leben nicht
davon überwältigt wird, können wir Oasen der Stille suchen und ein neues
Gefühl für das Leben finden.

Sylvia zur Schmiede / Manfred Miethe
Wer glücklich ist, kann glücklich machen
Von der Freude, die in unseren Herzen singt
Band 5028

Im Sein liegt innerer Friede, nicht im Haben. Und Glück stellt sich nicht ein
auf der Jagd danach, sondern im Loslassen, im Wahrnehmen und Staunen.

Hör mal, ob dein Herz noch schlägt
Leidenschaft statt Langeweile –
prickelnde und sanfte Texte für Frauen.
Band 5002

Geschichten und Gedichte über Liebeslust, Arbeitswut, Stillwerden und
Hingabe, von Gioconda Belli bis Ina Deter.

Ulrich Schaffer
Sammle mir Kiesel am Fluß
Mehr als eine Liebesgeschichte
Band 5001

Mit den Kieseln ist es wie mit den Menschen. Jeder ist einzigartig. Die
Sprache der Kiesel zu verstehen, heißt das Geheimnis der Liebe zu kennen.

Antoine de Saint-Exupéry
Man sieht nur mit dem Herzen gut
Band 4886

Von der Zuneigung und Freundschaft zwischen Menschen und darüber,
wie das Eigentliche gelebt werden kann.

HERDER spektrum